和本への招待

日本人と書物の歴史

橋口侯之介

角川文庫
23977

まえがき

本を残すということ

日本人は本が好きな国民だと思う。電車の中でも街角でも暇があれば本を開く人の光景を見るし、どこの町にも本屋がある。東京・神田神保町には現在百四十軒の古書店が集まっているが、これほど大規模な古書店街のある国はほかにない。二〇一〇年以降、電子書籍についての議論が盛んになされているが、それも本へのこだわりがあるからこそではないか。

その、本にこだわる意識を私は「書物観」と呼びたい。これをどうとらえたらいいだろうか。本が好きだという国民性の尺度を、たんに出版点数の多さや読書量などの数値で計っても明らかにすることはできまい。本が日常の隅々にとけ込み、それにこだわり、そして楽しむ観念などさまざまな視点から考察しなければならない。本を書く人（編著者）から、本をつくる人や本を流通させる人（本屋）、それを買い求め、読み解く人（読者）だけでなく、本を伝える人（読者や古本屋）が何をしてきたのかまで、幅広い見方が必要である。本格的に探り出そうとすると、とてつもない労力と考察力が求められる。そもそも「本」とは何なのか、それをつきつめて考えていかなければ、明確な答えには到達しない。

浅学の身であえてそこに踏み込んだのは、広漠とした対象ではあるが、書物観の根底にあるものが何なのかをつきとめていけば、いつかはたどりつける道だと思っているからだ。それは古書の世界から和本を考えるという視点から見えてくる。

有史以来、明治初期までに日本で刊行されたか、手書きされた書物全体を「和本」というが、古書の世界では、この和本はけっして特殊な存在でなく、今でも「現役」の書物である。神保町に来れば三百年、四百年前の本が、何食わぬ顔で展示販売されている。中には千三百年前の奈良時代の古写経まである。

これほど古い本がたくさん、かつリーズナブルな価格で入手できるのは、古くから数多くつくられてきたからでもあるが、むしろ書物にかかわる人びとが、それを残すことによく心を砕いてきたからという理由のほうが大きい。そこでは、書物を一人だけの所有物で終わらせるのではなく、「お預かりもの」として次の人に託することがつねに考えられてきた。しかも、それが千年以上続いてきた。長い時間残すこと、すなわち伝えるということにこそ日本人の書物に対する観念の基礎があると思うのだ。

私たちが和本とつきあってきた歴史は千三百年以上ある。それに対して、洋紙に活字印刷して洋装に製本する現在のような形になってからはまだ十分の一の百三、四十年しか経っていない。ところが、日本の読書論や出版文化を語る本の多くは、近代以降現代までの書物を論じるものばかりで、江戸時代以前の、いわば古代から中世・近世までの和本には触れていない。少なくとも古代から現代までを連続的にとらえようとする試みが少ない。近世以前と近代以降との間には、何か断絶があるように見える。連続して語られないのはなぜなのだろうか。和本はもう過去のものと思われているふしがある。あまり触れたくない、深入りしたくない、敷居が高い、と考えている人が多いのではないか。

江戸時代の書物の人びとへの浸透度は、現代人が考えているよりずっと深かった。町民・農民にも書物は広がっていた。古代において成り立った書物観が継承されて深まったからだ。そしてその書物観は近代の出版文化にも継続されていく。近世と近代に断絶はなく、ゆるやかにつながっているのである。たしかに形態上の変化はあったし、西洋文化の流入現象も大きいが、底を流れている書物観は変わらなかったのだ。本書を通してその「変わらないもの」をつきとめたい。

本と共に伝わったもの

『源氏物語』は、今日不動の古典作品だが、それが成り立った当時は、正式な書物とはみなされなかった。そのおかげで、当時の正式な形態だった巻物（まきもの）（巻子（かんす））に仕立てる必要がなく冊子（草子）にした。それが、今日の書物＝冊子という観念をつくりだした。

その頃、千年以上もつ上質な紙が生まれた。それを用い、読書しかつまた所持する喜びも感じられるように美しく本を飾った。物語には「もの」を語ることで、人間の怨霊を鎮める効果もあった。今風の言葉を使うなら、平安の物語には文字としての内容物（テキスト）だけではなく、形や思い入れという属性までがたっぷりと内包されたのである。

こうして千年も前から培われた書物づくりの意識は後の世にも伝わった。それ以後の和本はつねに、内容とともにその属性を含んでいる。紙や装訂、書き方・刷り方といった視覚的形状のほかに、それをどう仕立てていくのかという情報や、この本をどう解釈し、どう鑑賞し、どのように次世代に伝え、残していくのかといった「思い」、すなわち観念までもが和本には含まれている。しかも最初にその本ができたときの「思い」だけでなく、伝存の過程で積み重なった観念も内包される。手づくりの和本にはそれが濃厚に残っているのである。だから実物の和本を見ると本のほうから語ってくれるのだ。

つまり日本人の書物観は、和本そのものの中に詰まっているといえる。千年も前の本を容易に手に取ることは難しいが、数百年前の和本であれば過去の人たちの息吹を直接感じ取ることができる。

千年以上の歴史の中で書物世界は拡大の一途をたどり、時代によっても大きく変化した。それでも「変わらない」ところがあったはずである。本書では、奈良時代から明治初期までの和本の歴史を理解しつつ、時代変化の様相を「ものがたり」ながら、何が変わり、何が変わらなかったのかをつきつめていこうと思う。和本からのメッセージを読み、書物が持っている「もの」を語ることで、とりわけ書物を次の世代へ伝えることの重要性が理解されることを願っている。

用語と参考文献について

本書では、本・書物あるいは書籍という語を多用する。ほかに図書、典籍あるいはただ書というときもある。こうしたさまざまな呼称は、現代では同義として扱われており、すべて本を示す。

平安時代に冊子を草子ともいったのは、音が共通しているだけのことでなく、冊子が正規の書物すなわち〈本〉でなく、雑草、根無し草のように一段低いものという観念があったからだ。そこに〈本〉と〈草〉の階層ともいえる違いがあった。本はもとより書物、書籍、図書というのは〈本〉の階層の用語だった。

平安の物語は〈草〉の扱いだったが、中世になると「古典」として〈本〉の層に昇格した。かわって芸能民が語る「お伽草子」などが〈草〉の領域で活発になる。さらに江戸時代になると、学問や宗教、古典などの専門的、学術的な書籍である「物之本」と、演劇や戯作などのエンターテインメントを目指した「草紙」とがはっきり区分けされるようになった。

　このように〈本〉と〈草〉というのは対となる概念になっていて、歴史的に見るとこれらの語の意味は時代や地域、状況などによって微妙に異なってきた。伝統的な様式を守り、「正規」であることを表明する書物から、そうしたしばりにはとらわれないで、実質的に話を楽しむような草紙まで幅があったのである。その境目は色のグラデーションのように曖昧だが、それでも両端の色の違いはくっきりと分かれる。紛らわしい用語と、そのあり方や変化に、日本人の「書物観」が表れていると思う。

　時代によって変化する言葉の問題をあまり厳密にしてしまうと、本とか書物という語は一定の制限下でしか使えなくなってしまうので、本書では、現代人がふつうに違和感なく使う用語として「本」や「書物」を用いることにした。「書物観」というときも同じである。そのかわり、〈草〉と対の存在としてとらえるときにはあえて〈本〉とカッコ付きにした。

　基本的な用語について、以下に簡単な説明を示す。詳しくは、各用語の本文該当頁の解説をご覧いただきたい。

巻子　巻物のこと。かんすあるいはけんすと読む。文字や絵を紙に描き、それを糊でつなぎ（継紙）木製の軸を芯にして巻いていく装訂法。巻子本ということもある。

折本　料紙を継紙にするところまでは巻子と同じで、それを等分に折って畳んでいき、前後に厚めの紙で表紙をつけた装訂法。見たい箇所がすぐ開けられる利点があった。

粘葉装　巻物や折本のように継紙にしないで、文字の書かれた一枚一枚を中折りにしてノドの部分に糊をつけて貼り付けて綴じる冊子の装訂法。これに表紙をつける。

列帖装　綴葉装ともいう。数葉ずつ重ねて中央を二ヶ所、糸で縫っていく。それを一折（あるいは一帖）といい、さらに数折束ねて、表紙をつけて縫い合わせることで一冊の本に仕立てる方法。複雑で技術のいる製本方法である。

大和綴　組紐などを用いて綴じる方法。結び綴ともいう。二ヶ所に穴をあけて紐を通して単純に結えるもので、これを上下二ヶ所でおこなう。誰でも容易にできる装訂法。列帖装のことを大和綴ということもあったが、混乱するので今はこの方法を大和綴という。

袋綴(ふくろとじ)　十六世紀頃の中国の明代に始まったといわれる。本文料紙を山折りし、順に重ねて整え（丁合(ちょうあい)という）、右端の綴じ代(しろ)部分を二ヶ所、紙縒(こよ)りで締める（下綴(したとじ)という）。これに厚紙などでつくった表紙を表と裏にあてて、おおむね四ヶ所ないしは五ヶ所に穴をあけて糸綴じする。江戸時代の和本で最もふつうの装訂法。中国では線装本(せんそうぼん)という。

写本(しゃほん)　印刷でなく手書きによる書物。書本(かきほん)ともいう。

版本(はんぽん)　活字か木版で印刷された書物。

板木(はんぎ)　木版印刷のために文字や絵などを彫った板。原文となる板下(はんした)を貼りつけて職人（刻工(こっこう)、彫り師）が彫っていく。一丁分（二頁）を一枚の板に彫るのがふつう。

古活字版(こかつじばん)　活字によって印刷された書物のうち、明治期から始まる鉛活字の活版印刷や、江戸時代の後期に一部でおこなわれた木(もく)活字版印刷と区別するために、近世初期の活字版をとくに古活字版という。

整版(せいはん)　活字版に対して、従来の頁大で木版を彫る方式をいう。木版印刷のこと。

物之本(もののほん)　書物、書籍、図書、典籍などともいう。学問・宗教・教養のための「かたい本」。

草紙(そうし)　物之本に対して読み物など娯楽的な本。時代によってその位置づけが変わってくる。平安時代の冊子、草子から江戸時代の草紙、双紙と表記は変わるが、意味することは同じである。

そのほかの用語は、できるだけ初出で簡単に解説した。

本書は多くの先達の研究に支えられているが、本文中は煩雑になるので、逐一注記しなかった。参考文献は章ごとにまとめたものを巻末に付した。

和本への招待　日本人と書物の歴史

目次

イラスト　杉本直子

第一章　千年前の『源氏物語』を復元する

千年前の書物の謎

『源氏物語』は誰が書いた？

紫式部は『源氏物語』を書かなかった。

こう書くと奇をてらったようだが、これは私たちの「常識」がいかに当時と違っていたかを示すためである。成立して千年、今でも多くの現代語訳が出て人気の高い『源氏物語』だが、意外と知られていないことが多い。

現代の私たちの常識をくつがえすのは、作者名と題名の表記だ。近現代の小説は、作者名と題名を明確にして本の表紙に書く。夏目漱石の『坊っちゃん』、川端康成『伊豆の踊子』、松本清張『点と線』などといずれもはっきりしている。とくに題名は作品にとって命というべき中心的存在だ。作者の名前も不可欠である。どんな本も必ず作者名と題名がある。そのため、ほとんどの人は『源氏物語』をそう呼び、作者を紫式部と考えている。現代の小説と同じように、平安の物語にも題名と作者名が明記されていると思っていないだろうか。

『源氏物語』は書かれた十一世紀当時の実物が残っていない。それから二百年後くらい、つまり鎌倉時代に入った頃に手書きで写された本（写本）から少しずつ残っていて、ようやく往時の雰囲気を伝えている。『源氏物語』に限らず幾多の平安時代の物語を、今日古典として読むことができるのは、ほとんどがこうした鎌倉時代以降の写本が残されているからだ。

　その古い物語本にはどこにも「源氏物語」という題名がない。作者が紫式部であることを示す記述もない。表紙をめくり最初の頁を開くと草書の仮名文字でいきなり「いつれの御ときにか……」と本文が始まる。それが「桐壺」の巻（まき）であることを示すために表紙か見返（みかえ）しなどに「きりつほ」などと小さく記されることもあるが、それですら後世の手によるものではないかと思われる。ましてどこにも作者名など書かれていない。

『源氏物語』の作者が紫式部ではなかったという説も一部に根強くあるが、『源氏物語』はたしかに紫式部が書いたと考えてよいだろう。それは『紫式部日記』に「源氏の物語、人に読ませ給ひつゝ」、「源氏の物語、御前にあるを」というくだりがあることから確かめられる。ただ、紫式部自身がこの題名をつけたわけではないということをまず知っておきたい。「源氏の物語」といっているように、当初は源氏を主人公にした「物語」という意味での普通名詞である。『源氏物語』という固有の題名にしたのはずっと後世の人なのである。紫式部の次の世代にあたる菅原孝標女が書いた『更級日記』でも「源氏の物かたり」という表現だった。この物語の熱心なファンだった菅原孝標女は、また「むらさきの物かたり」ともいっており、表現が定まっていない。少なくとも作者自身は、一度も「源氏物語」とは書かなかったし、その後もしばらくは決まらなかった。

『源氏物語』の「絵合」の巻にはさらに「物語の出で来はじめの祖なるたけとりのおきな（竹取の翁）にうつほのとしかけ（宇津保の俊蔭）」という記述もあり、『竹取物語』や『宇津保物語』を当時はこう呼んでいた。このように、物語に「正式な」題名を決めることはしない。それが平安時代の流儀だった。

『伊勢物語』も著者を示す言葉がどこにも書かれていないので、いまだに作者不詳、成立時期不詳である。在原業平の作といわれているが、別の人の歌や後の時代に書いた話が加わるなど複雑な成り立ちをしているため確定できないのだ。作者名を容易に確定できないのは、『大和物語』『落窪物語』『住吉物語』『狭衣物語』など同時代の代表的な文学にいずれも共通していて、『和泉式部日記』『紫式部日記』、清少納言の『枕草子』、紀貫之の『土佐日記』など作者名のはっきりしているのはむしろ例外である。

　このように作者自身は、「紫式部の源氏物語」などとはどこにも書かなかったことを知っておいてほしい。『源氏物語』という題名は、中世の間に伝えていく過程で整ったのである。

さらに『源氏物語』や平安の物語には、今日の書物と違うところがあった。それは書名や著者名の問題だけではない。ほかにもおやっと思うことがいくつもある。造本、文字の書き方、紙の選び方にいたるまでいろいろな方法があったことをもう少し考えてみよう。

現代の人は、『源氏物語』を「古典文学全集」などの活字に翻刻されたもので見るか、さまざまな人による現代語訳を通して鑑賞するのが一般的だ。そのため、千年前の人たちが手にした書物がどのようなものだったのか、ほとんどの人は知らないだろう。実際、現物が残っていないので、専門家でもわからないことが多い。それを少しでも再現しながら当時の書物観を見てみよう、というのが本書の最初のテーマである。

物語は「物の怪」語り

平安時代ほど書物づくりに智恵と情熱を傾けた時代はない、と私はつくづく思っている。とくに装訂や紙づくりの面で、この平安時代の中頃は大きな変革期にあたっており、そこに斬新な工夫と努力が重ねられてきたことがうかがえる。そして、この時代に千年以上耐えられる紙がつくられるようになり、千年の寿命を持つ物語が誕生したのだ。またその後の時代の書物を決定づける考え方も生まれた。

そのひとつが物語を書物にするという考えだ。あまりに当然と思われることだが、物語を本として世に出すという十分な意識はまだ育っていなかったのだ。それが西暦一〇〇〇年前後になって読書人の愛玩（あいがん）すべき存在にのしあがっていく。

当時、物語とは文字に書かれたものだけを指すのでなく、何か特定の事柄について「話をする」という意味でもあった。人が集まればいろいろな話題に花を咲かせるが、平安の人びとにとって「もの」を語るといったら、「物の怪（け）」すなわち人にとりつく悪霊など、つねに背後にある恐ろしい存在のことを語ることだった。とりわけ人の怨霊がいちばんこわかった。そのことに異常に敏感なさまは今日の私たちには実感がわかない。もっとも人間界・日常性に対する霊界・非日常の世界との緊張関係は平安文学だけのものではない。江戸文学、いや現代文学でもつねにテーマであり続けてきた。

当時はそれを「語る」ことで怨霊を鎮める効果もあると考えられていた。その言葉が文字化されて書物になったのである。音読、つまり声を出して読むのが一般的であった時代には、口で語ることと文字を読むことには、同じ役割が果たされたと考えられる。これは物語文学だけでなく、各種の歴史記録にもいえることである。

ここで知っておきたいのは、こうした物語を文字に記そうとすると、日常の話し言葉に近い仮名のほうがずっと書きやすいということだ。当時、正規の文章は漢文で書くことになっていた。しかし漢文で「もの」を語るのは難しい。言語としての成り立ちが違うからである。仮名のように、話し言葉の音声を文字に表現したものを音声言語といい、文書・記録のための表記法を書記言語というが、漢文は典型的な書記言語である。

　もともと中国では多民族が混淆する中で政治支配を維持するため、漢文を徹底した書記言語に仕立てた。漢文には文字をどう発音しても解釈上に変化を及ぼさないという特徴がある。日本人がそれを呉音や漢音で読んでも、当時の中国の都で話されていた音とは似て非なるものだが、意味上での違いはない。文字を読み書きすれば相互に通用するため、中国と通交のあった周囲の国々の間で国際共通語だった。しかし、日常の「話」を文字にするのは容易ではない。

　ずっと時代が下って明代の末頃から『水滸伝』や『金瓶梅』などの小説が中国でも盛んになるが、その特徴は口語体で書かれているということだ。これを中国では白話といった。文語体としての漢文とは大いに違ったため、別に俗語ともいった。それほど漢文は、日常語を表現することには不向きだった。心情を詠う詩などの表現は古くからあったが、これも日常語でなく優雅な漢文的表現の一部だった。

日本では、古代政権の成り立ち当初から中国の漢字を導入し、その文化を習得してきた。仏教でも仏典はすべて漢字である。そのため、平安時代になっても、漢文を読み書きすることは僧侶や政権中枢にいる貴族・役人にとって必須だった。中国から伝わった書物（漢籍）はもちろん、政治や法制上の決まり、『日本書紀』をはじめとする歴史書、仏教の経典やその解説をした聖教といわれる書物、朝廷を取り仕切っていた公卿たちがつける儀式や慣例を記録しておくための日記など、すべて漢文で書かれた。それが公式の文書であり、規範であり学問だった。漢文といっても「漢字で書かれた文」であって「漢文スタイル」というべきものである。

それが「正規」であったので、その文字である漢字を真名といい、そこから派生してつくられた表音文字を仮名といった。漢文を読むために補助的に使うのが片仮名、和歌を書くために使われたのが平仮名だった。十世紀には、どちらもよく用いられるようになる。

真名は男が仕事で使うので男文字といわれ、仮名は女文字であり女手といわれた。そのせいもあって女は漢文を学ぶべきではないとされていた。紫式部は小さい頃から父親について漢文を習った。しかし、漢籍など読めないふりをしていなければならず、『紫式部日記』にはお仕えしている中宮様が『白氏文集』をもっと知りたいというので「楽府（がふ）」のところをそっと教えた、というくだりがあるほどである。『土佐日記』の冒頭では「男もすなる日記といふものを、女もしてみむとてするなり」といって、平仮名交じり文の書き方となった。男の書く日記は漢文だが、女手となると日常語に近い表現となり心情をこめて出来事を記すことができる。仮名は、実に便利な口語体向けだった。

同じ日記でも『源氏物語』と同時代に書かれた藤原道長（ふじわらのみちなが）の日記『御堂関白記（みどうかんぱくき）』や藤原実資（さねすけ）の日記『小右記（しょうゆうき）』などは、たんたんと日々の出来事や儀式の次第などの事実を漢文体で書くだけで、心情の吐露はほとんどない。それもあって歴史学の分野では第一級の史料として扱われる。『土佐日記』は文学的であるが、逆に歴史の史料としては使いづらい。『紫式部日記』も仮名で書いた日記で史料性は乏しいが、ときに激しい感情をぶつけるほどの内容を持っていた。

平安の物語文学に女流作者の作品が多いのは、これで説明ができる。女性には漢文体で書くという規範が求められないから、物語を文字にするとなると仮名を自由に使えたのだ。その結果、複雑な人間関係、その間の心理的描写など深い感情が表現でき、時代を超えて読者に訴え続ける力をつけたのだった。

こうして物語は文字に残されることになった。そして、文字化はただ紙に書かれるだけでなく、それらが継がれるか綴じられるかすることで書物の形をとるようになる。

それによってテキストの共有がなされ、伝承が容易になった。

　内容も安定してゆくのだが、それでも改変はおきた。「正規」な読み物ではないので、原作に忠実な読まれ方をされなかった。読む人、書き写す人がそのたびに話を変えてしまう。今でも小説を映像化するとき、脚本、演出によって原作を逸脱することはふつうにある。有名な作品でも映画監督によってかなり異なった味付けになる。それと同じで、書物化されても内容は変えられてしまう。

『源氏物語』も紫式部の草稿の段階で書き直しはあった。ところがその原本を藤原道長が勝手に持ち去り、よい草稿本が手元からなくなってしまう、という事件があった。そのため、勝手に書き換えられたものが世に出回り、作者としては不本意なことになった。

　当時の物語は『源氏物語』に限らず、ほとんどが書写の段階で、あるときは恣意的に書き換えられて伝わることになった。十三世紀になると、藤原定家らが『源氏物語』などの平安の物語をきちんと校訂する仕事を始めたが、このテキストの混乱で苦労をした。現在にいたっても、原文が確定されたわけではない。

『源氏物語』は現存する形としては全五十四帖とされているが、はたしてすべて紫式部の書いたものか疑問が出されている。少なくとも「桐壺」の巻から書き始めたという考えは少数派らしい。それがどうであれ、物語は一気にできたのではなく、少しずつ書かれた。周囲の評判がよいので、次から次へとリクエストがあって、書き足されたのである。最近の研究では、その書かれた順番まで究明されてきている。そういう意味で『源氏物語』は一話完結のシリーズ物といった構成である。少なくとも、全五十四巻の「長編」ではないのだ。

『源氏物語』は冊子だった？

平安時代の書物は、完全ではないにしてもいくつかは残されている。しかし、それらは公家の日記や記録、仏典、漢籍（かんせき）がほとんどで『源氏物語』に限らず物語の原本は残されていない。仮名で書かれた歌集は多くあるので（それでも完全な本は少ない）、物語の本をそこから類推することがある程度可能なのだが、歌集と物語とでは違うところもある。考え方が異なるので、自（おの）ずとつくりも変わってくる。まして、漢文で書かれた記録や仏典類と物語はずいぶん違う。それは日本における書物の歴史や、書物観の成り立ちと大いに関係している。

まず次の二つの書物についての記述を見てほしい。

『土佐日記』は、紀貫之自身が書いた自筆本（じひつぼん）が室町時代まで残されていて、藤原定家もそれを借り出して書き写した。そのとき定家は書写した本の最後に、貫之自筆本の様子をこう書いた。

料紙白紙　不打無堺　高一尺一寸三分許　広一尺七寸二分許紙也　廿六枚　無軸
表紙続白紙一枚　端聊折返不立竹無紐　有外題　土左日記　貫之筆

　これはこういうことである。書物の本文に使う紙をとくに料紙（りょうし）というが、それが色を染めていない白紙である。当時、上等な紙は石の上で叩（たた）いて艶（つや）を出した。これを「打つ」といったが、ここではそこまでしていないので「不打」といっている。文字を書くための線（便箋（びんせん）の縦の線や原稿用紙の升目を想像すればよい）を界線（かいせん）というが、「無堺」、つまり線が書き込まれていない。一枚が縦三十四センチメートル、横が五十二センチメートルほどの大きさでそれを二十六枚糊（のり）で継いで（継紙という）仕立てた巻物（まきもの）である。ただし中心には軸がなくて、紙を巻いただけの素っ気ない状態である。表紙は本文と同じ白い紙を一枚つけただけの質素なつくりで、端につける竹の押さえや紐（ひも）もついていない。表紙に外題（げだい）（タイトル）があって「土左日記」と貫之自身の手で書かれていた。

　中国の著作物である漢籍では、本文の開始位置である巻頭（かんとう）に題と著者名を書くのが決まりである。これを内題（ないだい）といい、近代にいたるまで一貫して受け継がれている。したがって、平安時代でも漢文で書く典籍類はもちろん、仏典や日記や記録などの「正式な」書物には題が入るのがふつうだった。漢文系の本は表紙に書く外題が重視され、しかるべき能書家に依頼するほどだった。題や作者名を書かないのがふつうだった仮名の物語だが、紀貫之自筆本に外題があったのは、形状が巻子だったためだ。

『土佐日記』は西暦九三五年前後に成った。それから七十年後、『紫式部日記』に次のような一文がある。

> 御前には、御草子（冊子）作りいとなませ給ふとて、明けたてば、まづ向ひ侍ひて、色々の紙選り整へて、物語の本ども添へつゝ、所々に文書きくばる。かつは綴ぢ集めしたゝむるを役にて、明し暮す

お仕えしている中宮様が「御草子の作成をなさる」というので、紫式部は夜が明けるやすぐに伺候して、いろいろの「色紙」を選び整えて、物語の本を添えつつ、方々に手紙を書いて配った。その後、綴じ集めたものを整理する仕事に明け暮れた、という内容だ。この「物語」こそが『源氏物語』である。

この二つには、多くの情報がある。『土佐日記』が継紙の巻物状だったのに、『紫式部日記』では「御草子」だという。つまり冊子状である。この違いは、たまたまそうであったのでなく、この時期に大きな変化があったからである。日記文学と物語文学

の相違というだけではなく、たんに装訂上の違いがあったというだけでもなく、書物に対する考え方そのものが変わっていったのである。『土佐日記』の時代には本づくりも歌集の影響下にあったが、仮名の物語は、そのような考えをそのまま踏襲、適用しなかったのである。

では、「御草子」とはどのようなものだろうか。なぜ「冊子」ともいうのだろうか。「色々の紙」とはどのような紙だろうか。「物語の本ども添へつゝ」とは、何を意味しているのだろうか。「綴ぢ集めし」とあるが、どのように綴じたのだろうか。どのような順で本ができていくのか、などさまざまな疑問が生じる。当時の『源氏物語』を再現しようとすると、これらの問題をひとつひとつ解いていかなければならない。

西暦一〇〇〇年頃の物語本の実物を見たい。これは本を扱う仕事をしてきた私のような者だけでなく、本好きな人にとって果たせない夢であろう。そこに少しでも近づくためには、平安時代までの書物の歴史、本づくりの技術的な側面、紙の供給などさまざまな角度からの知識が必要となる。

装訂の誕生――『源氏物語』前史

「正式な」書物は巻子

十一世紀の女性たちが漢文の束縛を離れ、自由な位置からものを語ることができたこと、それがすぐれた文学を生み出す土壌になったことを理解したが、同様に書物の形にも束縛のない自由さがあって、そこから新しい装訂方法が生み出された。

平安時代、正規の書物は巻物にして保管することが義務づけられていた。まだ印刷物はごくごく一部なので、大半は手書きである。それが書かれた一枚一枚の紙を、糊で継いで巻いていく。正式な文章が漢文だったこととまったく同一に、こうして巻物にすることが規範だった。中国でこの時代までの主要な装訂法が巻物だったからである。巻子ともいい〈かんす〉と読むが、〈けんす〉とも呼ばれた。現代の学術用語では巻子本（かんすぼん）ということになっている。

中国における文字は、紀元前十一世紀頃まで続いた殷（いん）の時代の甲骨文に始まり、しだいに青銅器などに文字を彫った金石（きんせき）文などが続く。初めは王がおこなう占い（祭政）に限られていたが、やがて一定の文を構成する内容物（テキスト）を書いて複数の人に伝える役割を果たすようになる。素材も木簡（木の札）や竹簡（竹の札）となり、文字を「彫る」のでなく墨のようなもので「書く」ようになる。それが複数枚にまたがるような長い文は、簡を紐でつないだ。戦国時代（紀元前四〇三～前二二一）のものが今も残っているが、そこから編むという用語が生まれた。

竹簡を糸でつなげながら編んでいくと、ちょうど手巻き寿司（ずし）などをつくるための「巻きす」に似た状態になる。一枚一枚の竹には文字が書かれるので、これよりもう少し幅が広いものを想像していただければよい。「巻きす」を引き出しなどにしまう際にぐるぐると巻いておくように、編んだ竹簡も格納しておくために巻いておいた。巻物という考え方はここから始まった。書物の素材が紙になっても、それをくるくると巻く習慣がずっと続いたのである。

紙の普及とともに三、四世紀には巻子が普遍化していったと思われる。文字や絵を料紙に書（描）き、それを糊でつなぎ木製の軸を芯にして巻いていくのが正規の巻子装である。巻頭には保護のために絹の裂（きれ）や厚紙をつけた。これを褾（ひょう）という。後の「表紙」の起源だ。

その後、唐代（六一八～九〇七）までは巻子にしたものが書物であり、それが正式だった時代が続く。そのしきたりが書物といっしょに日本に伝えられた。

奈良時代には、『百万塔陀羅尼経(ひゃくまんとうだらにきょう)』というものがつくられた。日本最古の印刷物である。一枚の紙に（縦五センチ×横二十八センチくらい）短い経文を刷ったもので、とくに装訂を施さずにそのままこれを巻いて木製の経塔の中に納めた。このときまで書かれたものは巻いて保管するのが当然という観念が続いていたのだ。

題はこの巻物の褾に書かれた。あるいは別の紙に書いて貼り付けた。この紙を題簽(だいせん)という。中国の古い時代では、軸頭に題や巻次を書いた紙を垂らしておいたようだ。奈良時代の写経では、本文を書くのは写書手(しゃしょしゅ)といわれた経師(きょうじ)で、それとは別に題師(だいし)という職掌があった。題を書くのは特別な役割だったのだ。漢籍ではこの中国の伝統で、巻頭に題と著者名を書くのが決まりである。したがって、平安時代でも漢文で書く典籍類はもちろん、仏典や日記や記録などの「正式な」書物には題が入るのがふつうだった。物語には題や作者名が書かれないと先ほど述べたが、巻物とそうでないものにはこのような違いがあった。巻物だった『土佐日記』の紀貫之自筆本に外題があったのはそのためだ。

巻子が正統な書物であるという観念は、平安時代以降もしばらく続いた。たとえば上位の貴族である公卿の日記は、鎌倉時代はおろか室町時代になっても巻物であった。鎌倉時代に入ると九条兼実(くじょうかねざね)の日記『玉葉(ぎょくよう)』が冊子だったといわれるなど徐々に規範としての観念は弱まるが、それでも日記といえば巻子だった。

日記と巻子を結びつけたのは、現代の日記帳の役割を果たした具注暦（ぐちゅうれき）である。注を備えた暦という意味で、半年ごとに一巻の巻子にして配ったものである。暦の注というのは、日々の吉凶を判断する材料のことで、一日ごとに漢文で書かれていた。その日付の間に数行分の空き（間明（まあき））があって、そこに日記文を各自が書き入れるようになっていた。『御堂関白記』などはこの具注暦を利用しており、自筆本が現存している。具注暦は室町時代まで頒布され続けていた。日記が巻子と結びついて意識されたのはこのためだったのだ。

折本の登場

巻子は継紙でいくらでも長くすることができた。ふつうは長さ数メートルくらいだが、十メートル以上に及ぶものもいくらでもある。そのため、広げて見るのもしまうのも楽なことではない。扱いが容易ではないのだ。小さくきちんとまとまるので保管はしやすいが、日常的に見るという形状になっていない。

そのため、読経によく使う経文は、一定の幅で折りたたんでおく形にした。料紙を継紙にするところまでは巻子と同じで、それを等分に折ってアコーディオンのようにしていく。前後に厚めの紙で表紙をつけた。これなら見たい箇所がすぐ開けるし、しまうのも簡単だ。これを折本（おりほん）という（図1）。唐代に始まったとされるが、盛んにな

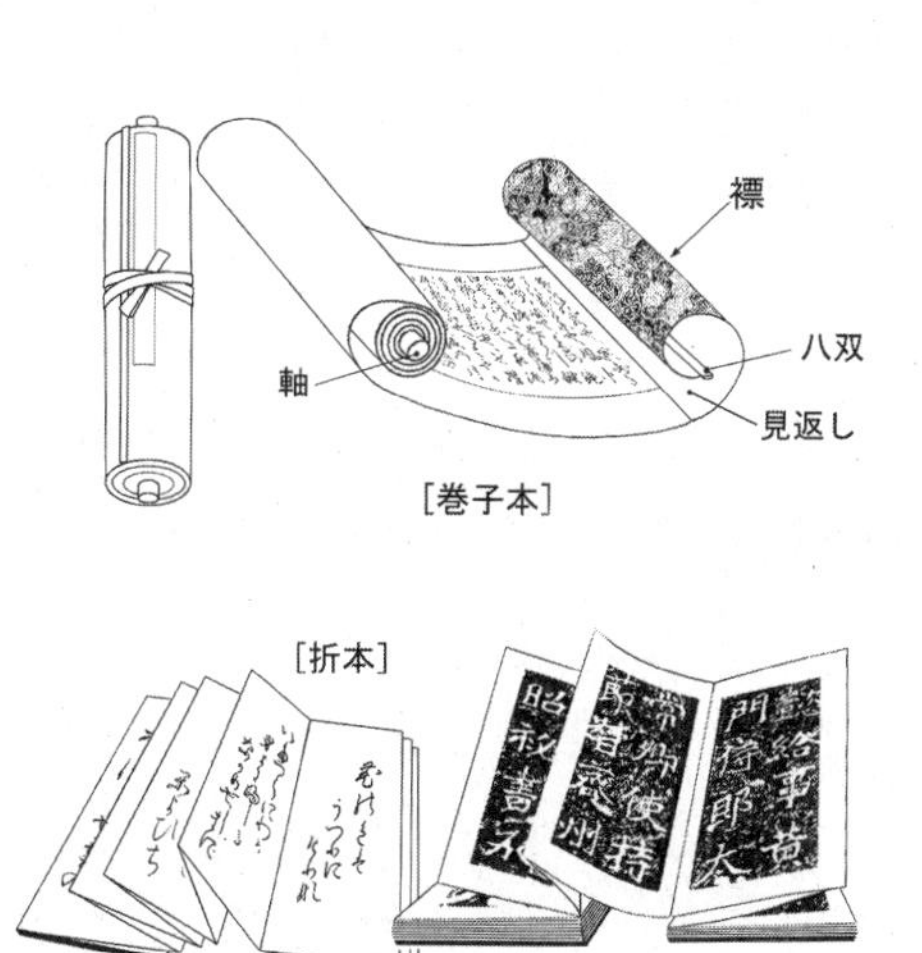
標
八双
軸
見返し
[巻子本]
[折本]
[折帖]

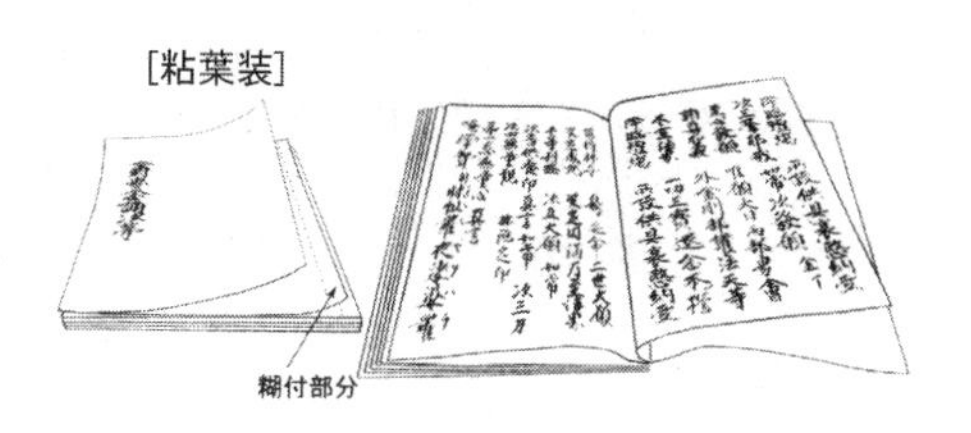
[粘葉装]
糊付部分

図1　各種装訂

るのは宋代の経典印刷からだ。別名を折りたたむという意味の摺本とか、折経・経摺装ともいう。けっして主流ではないが、江戸時代はもちろん千年後の現代でも僧侶が読経に使っている装訂である。これに似た方法で、料紙を一枚一枚見開きにして、小口側の裏に糊をつけて折りたたむ装訂を折帖という。これも古くからあって、今でも書道の手本や拓本に用いられる。

初の冊子、粘葉装

公式の書物は、文章や装訂まで格式を求められるので自由度がない。それに対して、仮名で書かれた物語は、むしろ制約がなかったといえる。

折本と、次に説明する糊で冊子状にした粘葉装のどちらが先に発生したかというのは議論の分かれるところだが、ようやく人びとは、書籍とは紙を巻いておくものという観念から解放された。それが平安時代の中頃である。

粘葉装というのは、巻物や折本のように継紙にしないで一枚一枚を単独で糊をつけて綴じる装訂法で、日本では一枚の紙の表裏に文字を書き、それを中折りにして、ノドの部分で貼り付けて冊子にしていく（図1）。

今日残存する最古のものとしては、九世紀初頭、空海が書いた『三十帖冊子』だといわれている。中国で修行中に密教の秘籍を写経生などに書き写させたもので、それを巻子装にせず粘葉装にしたのである。正式な経典でなく勉学のための筆記のようなものなので、巻子にする必要がなかったのだ。この考えはすでに唐代にあった装訂で、これが発展して宋代にはこちらが主流になる。

　唐代にも印刷物はあったようだが、確定的な形では残存していない。印刷が盛んになるのは宋代に入ってからである。これを宋版（そうはん）というが、そのとき経典以外で用いた装訂が胡蝶装（こちょうそう）といわれる粘葉装に近い方法だった。本の二頁分を一枚の板に彫り（板木（はんぎ））、墨をつけてバレンで刷る木版印刷で、その印刷は片面にだけおこない、それが内側に来るように谷折りし裏面のノドのところで糊付けする。紙背の白い面が見えてしまうが、文字面は完全に水平に開くので文字は見やすい。次の元代では印刷面が表になるように山折りする方法に変える。さらに表紙を全体にくるんだ（つまり現代の本に近い）包背装（ほうはいそう）となる。これを糊でなく、糸で綴じれば後の線装本（せんそうぼん）と同じになるのだが、そうなったのは明代に入ってからである。

　現存する粘葉装の本としては、僧侶が勉学の手控えにしたようなものから始まって、聖教という教義や行法を記した書物に多く使われた。とくに真言密教の秘法を書いた本を「次第（しだい）」というが、これには後世になっても粘葉装にするという伝統が受け継がれた。空海の『三十帖冊子』以来の影響と考えられる。

　それ以外に、現在宮内庁に保存されている伝藤原行成（ゆきなり）筆の『和漢朗詠集（わかんろうえいしゅう）』は別名

「粘葉本和漢朗詠集」といわれ、『源氏物語』と同じ時期の本である。つづいて美麗なものとしては十二世紀の元暦校本『万葉集』や、鎌倉時代にかかるが西本願寺本『三十六人家集』が知られている。平安時代末期に書かれ、京都・北野天満宮に伝わった『日本書紀』（第一類本）も粘葉装で、往時の装訂を残したものが保存されている。

「冊」という字を今は〈さつ〉と呼んでいるが、本来の音は〈さく〉である。たとえば木偏をつければ「柵」という字が残っている。白川静氏の『字統』によれば、犠えにする獣を入れる牢のようなものが柵の起源で、そこから冊は儀礼に用いる祝詞のこととなり、後に転じて書冊のことになったのだという。これを二枚以上つなげたものを長冊といい、一枚だけのものを短冊といった。短冊は今も残っている。

「冊」と同音の「索」も使われ、冊子のことを索子というい方もした。空海の『三十帖冊子』は『三十帖索子』ともいった。したがって冊子は本来〈さくし〉だったのだ。しかし、平安時代中にしだいに音が変わり、〈さっし〉とも〈さうし〉ともいうようになった。ほかに、葉子という言葉もしばしば登場する。『御堂関白記』寛弘三年八月六日に「扶桑集小葉子」とあり、『小右記』の長和四年四月十三日に「年中行事葉子二帖」などと出てくるのがその例だ。これらは巻子でなく、料紙を一枚（一葉という）ずつ綴じた書物としてそう呼んでいたのだ。

〈さうし〉という読みは、草子と同じである。『枕草子』は「枕草紙」とも「枕冊子」

とも書いて冊子＝草子で通用した。『源氏物語』にも『紫式部日記』にも〈さうし〉のことが頻繁に出てくるが、冊子ないしは草子の字をあてていて、意味は同じである。学術用語では冊子本という。

〈本〉という語は本物、大本（おおもと）という意味である。それに対して〈草〉は格下の存在をあらわす語である。したがって草子には、正式な巻子に対して格下の書物という意味がある。「正式な書物」はあくまでも巻子だが、草子はそれにとらわれないでもよいものである。歌集でも正式な勅撰（ちょくせん）集は巻子にし、そうでない個人の歌集（私家集）は読みやすく、扱いやすい粘葉装にした。物語もそこから同様に考えることができた。先ほど述べたように、物語の写本で勝手な書き換えが頻繁におきていたのは、それが〈草〉の扱いだったからである。

糸を用いる列帖装

粘葉装には糊を用いたので、はがれやすく害虫がつきやすいなど保存に難点があった。そこで糊のかわりに糸を用い、しっかりとかがっていく方法が考え出された。それを列帖装（れつじょうそう）（れっちょうそうとも）といい、「綴じる」ことの意味を確立した（図2）。別名を綴葉装（てっちょうそう）ともいうが、いずれも後世の用語で、平安・鎌倉時代には使われていない。

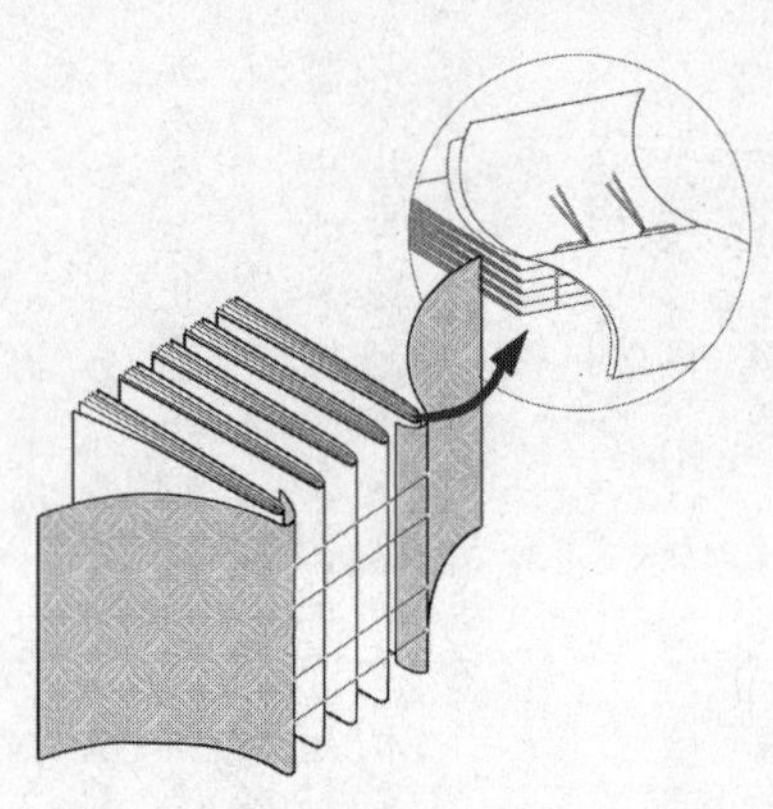

図2　列帖装　複雑な糸かがりである

列帖装の装訂方法は、数葉ずつ重ねて中央を二ヶ所、糸で縫っていく。それを一折（あるいは一帖）といい、さらに数折束ねてまた縫い合わせることで一冊の本に仕立てる。複雑で技術のいる製本方法である。おそらく専門の職人が存在していたと思われる。

中国でもこうした糸綴じをした本が唐代にあったらしいが、それはごく一部の、それも寺院などに存在したものに限られて広く普及はしなかった。それに比べると、平安時代の末期から鎌倉時代、南北朝時代のほとんどの歌集は列帖装であり、普及度では日本のほうがずっと広かった。それに日本のものは複雑に糸をかがっており、技術的には独自に発展したものである。

粘葉装と列帖装の製本方法

藤原定家は本文の校訂に業績を残した人だが、さらに書物の形を定めていったことでも注目される。定家は書写した本のほとんどを冊子にした。格式を重んじる本は巻子にする伝統がまだ生きていた時代だが、歌集や物語は列帖装にしたのだった。
そのときの仮名遣いや書物づくりに関する定家の覚書が残っている。『下官抄』（あるいは下官集）といっているものである。下官というのは官吏が自らをへりくだっていうことである。定家はそこで冊子の書き始め（書始草子事）の位置についてこういっている。

仮名物多置右枚自左枚書始之。旧女房所書置皆如此。先人又用之。清輔朝臣又用之。或自右枚端書之。伊房卿如此。下官付此説。摸漢字之摺本之草子、右一枚白紙徒然。似無其詮之故也。

仮名の冊子の書き始めの位置に、右の枚を置き［あけて］左の枚より書き始める、というのが昔の女官の方法だった。先人［藤原俊成］も用いたし、藤原清輔もそうしたが、下官［私］は藤原伊房と同様に、右側から書き始める説をとる。漢字の摺り本（当時入ってきた宋版）の冊子に模するためである。右の枚が白紙なのは、徒然［いたずら、無益］であり道理がない。

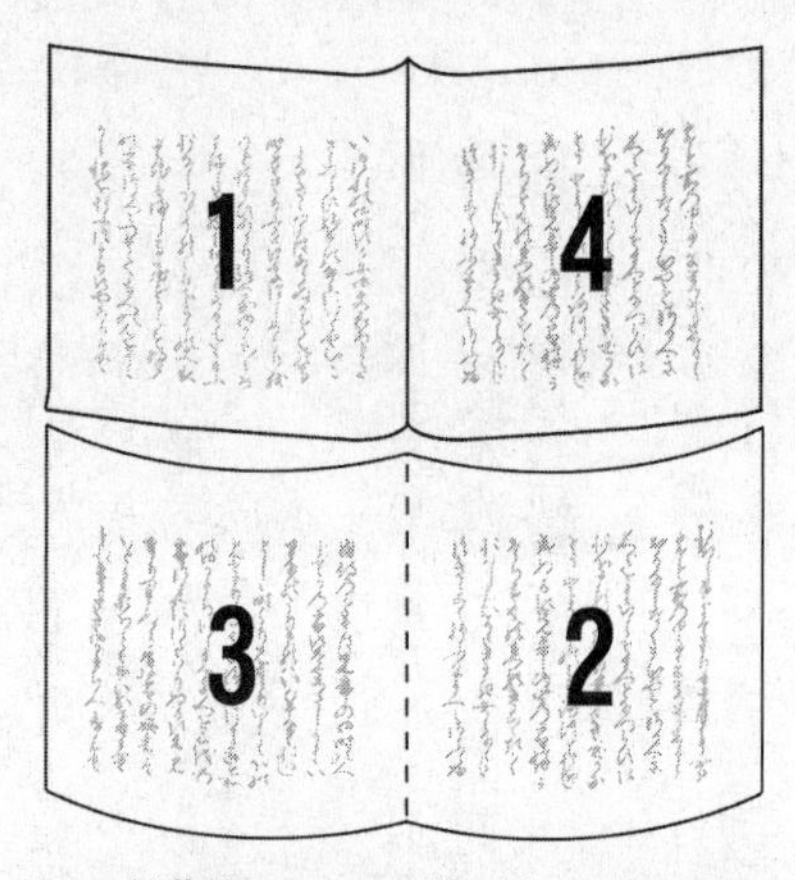

図3　粘葉装のときの一葉の紙の表裏の頁分け

　これは、平安時代の粘葉装だった北野本『日本書紀』の複製本で説明するとこういうことである。表紙があってその裏に見返しがあり、次の紙から本文料紙となる。文字は料紙の表裏に書かれており、一葉ごとに中央で折ってノドのところで糊付けされている。頁でいうと図3のように1から4の順になる。その1は左に「日本書紀巻第廿三」などと書名と巻数が書かれ、その裏になる2は空白で何も書かれず（裏白）、その左3から本文が始まり4に続く。以下5からあとは表裏に順番に本文が続く。これが定家のいう「右枚を置きて左枚より書き始む」ということである。粘葉装にした場合は、料紙の表裏どこから書き始めるにしても製本上、左側から書き始めるのが自然なのである。現在の本でも基本的に奇数頁始まりにするのはこの延長線上の考えである。

粘葉装と列帖装の違いは製本上の違いだけでなく、本づくりの過程にも違いがある。粘葉装はばらばらの紙に文字を書きそれを順番になるようにあとから綴じていくことができる。

それに対して、列帖装は先に製本してしまう。ある程度枚数の計算をしておいて、足りないことがないように、かつ多すぎないように想定して製本をしておく。そこに書いていくのである。ただし、一折ずつだったと思われる。文の長さによって頁数は変わってくるので、その位の単位ずつ書いていったほうが無駄が出ない。最後の折は、成り行きにまかせて書く。これは絶対的ではないが、そのほうが合理的ではある。実際に、残されている列帖装には巻末に数枚の白紙が出ていることが少なくない。これが先に製本した証拠だと思う。

何といっても、表裏に文字を書く列帖装のような中綴(なかとじ)では、頁ごとの「面付け」がやっかいである。図4のように四葉の紙で十六頁一折になるようにするには、一枚目の紙の裏の左側が一頁。その表の右が二頁、その左は十五頁で、裏の右側に十六頁目を書かなければならない。本によっては七、八葉で一折にするので、さらに複雑である。初めから製本されていて、そこに書いていく方が間違いのない本づくりになる。

もし四枚の紙を重ねたとすると、一頁目は一枚目の紙の裏の左側に書き、二頁目は

図4　列帖装では複雑な面付けになる

一枚目の紙の右側に書く。一枚目の紙の裏の右側は十六頁、表の左は十五頁である。二枚目以降の頁との関係は左右足して十七になるように書いていかなければならない。現存する列帖装を見ると八葉で一折にする例が多い。これだと三十二頁分である。これで木版印刷をするのは事実上無理である。板木の左右をこのように配分して彫るのは混乱を招く。実際、列帖装向けと思われる板木を見たことはない。絶対ないとはいえないが、難しいだろう。現在の印刷では、全紙に十六頁分を一度に刷るのがふつうだが、面付けという作業をしてその大きさの製版、印刷ができる設備があるからできるのだ。製

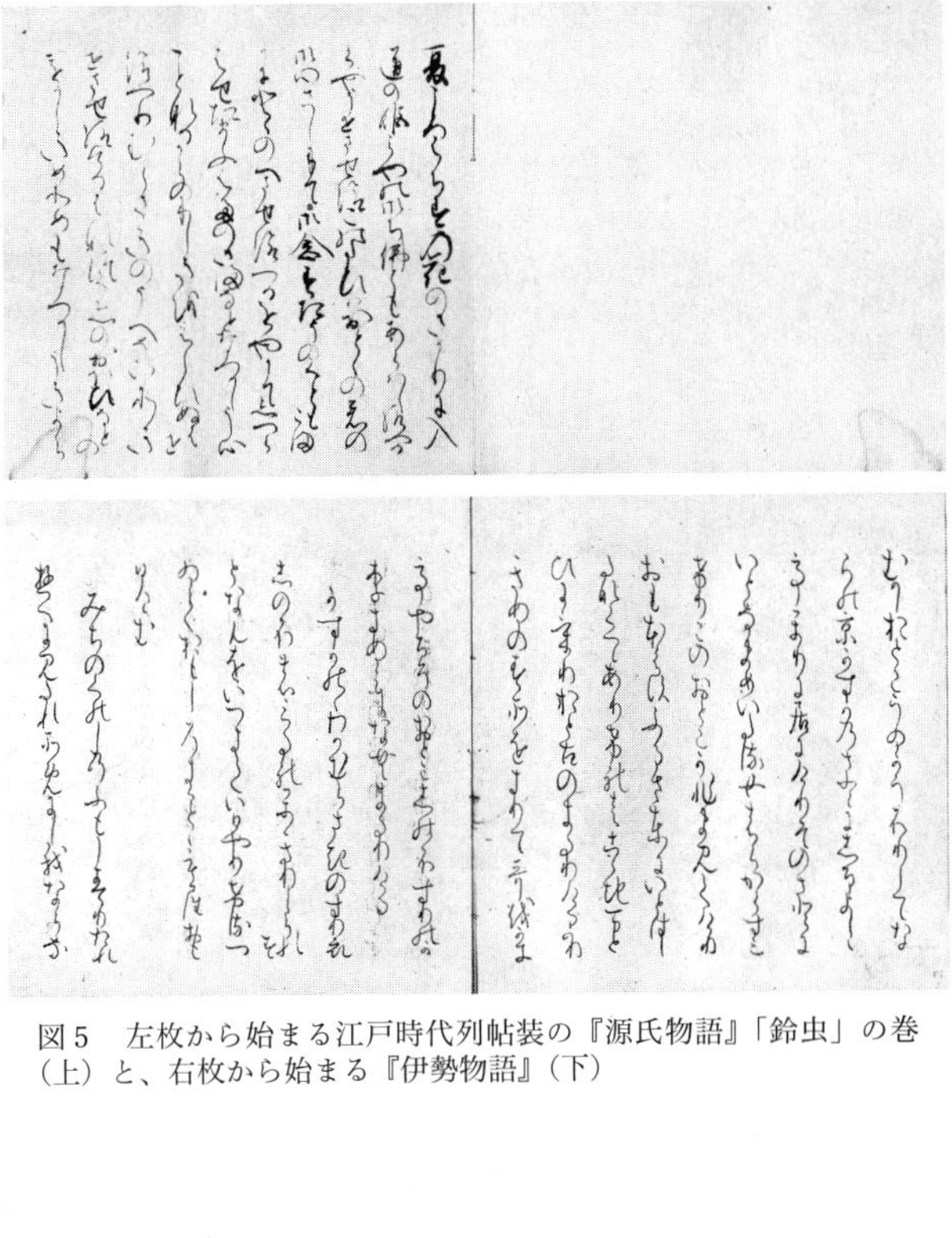

[illegible]

[illegible]

図5　左枚から始まる江戸時代列帖装の『源氏物語』「鈴虫」の巻（上）と、右枚から始まる『伊勢物語』（下）

本でも自動的に折りたたむ技術がある。それを古代・中世の書物に求めることはできない。

定家が活躍した時期には、列帖装が普及していた。それなのに、奇数頁始まりの考え方が根底にあったものだから、いまだに「左枚より書き始める」ことが続いていた。これだと右側にどうしても白紙がでてしまう。それが無駄だというのである。粘葉装時代とは製本方法が変わったのだし、何よりも当時の最先端だった中国の本づくりに倣うべきではないか、と定家はいった。

宋版で採用した胡蝶装は、紙の表面にしか印刷せず、その面が見開きになるように谷折りしてから各葉のノドで糊継ぎしていく。そのため、本をめくっていくと、白い頁と印刷面が交互にあらわれる様子となる。この場合、見開きなので右側（定家のいう右枚）から本文が始まるのである。板木もそのように彫った。「漢字の摺り本の冊子に模するため」というのはそれに倣うということである。

実はこれとて、次の元代になって印刷面を山折りにして糊付けするようになって、後の袋綴と同じになる。そうなると、刷った紙の見開き右側から始まるのは同じだが、綴じると奇数頁の開始という形になる。そこに戻るのだ。

図5上の「鈴虫」の巻は列帖装だが、表紙・見返しがあって、そのあと本文の一、二頁目に相当するところが白紙である。三頁目から書き始めている。それが図の巻頭

のところだ。いわば奇数頁の始まりである。もうひとつ、図5下にある『伊勢物語』の近世前期と思われる列帖装の写本は、右の枚から書き始めている。今の本なら偶数頁から始まっている。これが定家の考えにもとづく書き始めだ。このように必ずしも一貫しなかったが、この慣習は製本上の変化があったときの混乱が糸を引いているからだと思う。江戸期の仮名草子などでも、大半は奇数頁始まりなのに、ときどき偶数頁始まりの本が混じる。本の世界に絶対はない。

第三の装訂があるか

平安時代の冊子には、糊を使った粘葉装と糸でかがった列帖装の大きく分けて二通りの装訂があったことが確かめられた。前者が空海の時代にあったことから十一世紀初頭にも盛んにつくられたことは確かだろうが、後者の普及年代がはっきりしない。現存する列帖装の最も古いのは元永本（げんえい）『古今和歌集』で、一一一八〜二〇年頃とされる。残念ながらそれ以上古いものが残存しないので、これより百年さかのぼる『源氏物語』の時期に実際につくられたかどうかは確定ができない。

気をつけないといけないのは、本の装訂は後世になって修復しつつ変えられてしまうことが多いということである。とくに糊を使った装訂では、はがれてしまうのでそれを防ぐために糸綴じに変えてしまうことはよくあった。中国の宋元版（そうげんぱん）でも、原状をそのまま残しているのはほとんどなく、明代以降の線装本に直している。そのため、平安時代における物語本のオリジナルの形を確定することが難しいのである。

　平安時代は書物装訂の発展過程の時期である。巻子は中国でも広く普及して数百年続いたうえ、正式な書物の装訂法だったので細部まで約束事ができていた。こういう場合の、用語もしっかりしている。しかし、変化している時代には、絶えず試行錯誤が繰り返されて形も一定しないし、用語も不安定である。過渡的な形態や、工夫のひとつにすぎなかったものが残っていると、それも特定の型を持った方法として用語化されてしまう。たとえば、粘葉装で表紙を表裏から背まで一葉でくるむ包背装は、後の江戸期の袋綴本と同様に表裏に紙をつけただけの表紙（これの名称はない）と区別される。これは表紙の付け方であり、製本方法の本質とはあまり関係がない。用語をつくりすぎると混乱がおきる。その影響を引きずって、現代の書誌学においてもまだ用語の不確定な要素が少なくない。それが、用語と形態の間の不一致を引き起こしているのだ。

　列帖装と綴葉装は同じであるにもかかわらず、二重に用語化されており、今でも研究者の間で両方が使われる。いずれも古代中世に使用された言葉ではない書誌学用語なので早く統一すべきだろう。粘葉装と胡蝶装は基本的には同じ型なのだが、二重に使われた。今では日本の書物の場合を粘葉装と呼び、中国宋代のそれを胡蝶装ということで落ち着きつつある。

大和綴（やまととじ）という語も混乱した。以前は、列帖装のことを大和綴ともいったのである。しかし、今は図6のようなものを大和綴といっている。糸というより組紐に近い太目の紐で綴じる方法である。二ヶ所に穴をあけてそこに紐を通して単純に結えるもので、これを上下二ヶ所でおこなう。列帖装は複雑で技術のいる製本なので熟練した職人の手を煩わす必要があるが、この方法は誰でも容易にできる。明治大正期にもよく使われたつくりである。

図6　大和綴

平安時代、粘葉装の弱点を克服して列帖装になる過程の間にこの綴じ方があったのではないかと注目される。これを「結び綴（むすびとじ）」ということもある。また、現代の週刊誌のように折った紙をそのまま積み重ねてゆき、中央で綴じる方法もある。そこに紐状の糸を使うのを「中綴（なかとじ）」という。これも技術的には難しくない。ただし、どちらもまだ書誌学の用語として確固としていない。

とすると紫式部が「御草子作りいとなませ給ふ」といったのは、粘葉装だったかもしれないし、この結び綴や中綴かもしれない。列帖装は職人にまかせないとできないが、これなら宮廷の中において個人でもできるからだ。

今日『源氏物語』の優良なテキストとされているのは、鎌倉時代初めに藤原定家が校訂したとされる「青表紙本（あおびょうしぼん）」のほかに、同時代の源光行（みなもとのみつゆき）・親行（ちかゆき）親子の校訂した「河内本（かわちぼん）」がある。その河内本『源氏物語』の善本のひとつで名古屋の蓬左（ほうさ）文庫にある本が組紐を用いた結び綴である。時代は下るが、このあたりがポイントになりそうだ。

千年残る紙の進歩

書物を「永久」に保存する紙

平安時代の人たちが書物を読みやすく、つくりやすく、そして保存しやすくする工夫にたゆまぬ努力を惜しまなかったのは、書物を「永久」に保存する明確な意図があったということである。それは製紙の工夫からも跡付けられる。この千年の寿命を生みだした紙づくりに携わった人のいたことも忘れてはならない。よい紙がつくられるようになったことが、書物への情熱をいっそうかきたてたからだ。

紙の発明は、後漢の蔡倫（さいりん）で紀元一〇五年のことといわれてきたが、最近の研究では前漢の遺跡から古紙が発見されており、さらに二百年さかのぼると考えられている。しかし、古いものは麻の繊維に近いもので、そこに文字を書くのは容易でなく、そのうえ保存に適さなかったようだ。蔡倫によって製法や使用に格段の進歩があって、書籍に用いられるようになったという意味で、その功績が高く評価されるのだ。

麻の繊維を細かくして漉（す）いていく製紙の方法は、その後改良されて三、四世紀頃にはかなり一般化した。現在でも本のベストセラーのことを「洛陽の紙価を高める」といういうが、これは西晋(二六五~三一六)の左思という人物が書いた「三都賦」が評判になり都の洛陽の人たちが争ってそれを書写しようとしたため紙の値段が上がったという故事による。三都とは前代の三国時代の蜀・呉・魏の都で、洛陽は魏の都、西晋もここに都を置いた。賦とは風物を記した韻文のこと。そうした美文を集めた『文選』が編まれたのが六世紀である。このことが物語るのは、紙が書物のための用具として定着したのが三、四世紀で、そこから南北朝時代の最盛期(五、六世紀)になると、もっぱら巻子が作られるようになったということである。

書物を構成するもので、もうひとつ忘れてはならないのは、紙のほかに墨、筆、それに墨をするための硯がすぐれていなければならない。これらを文房四宝といい、漢代から使われた語である。その墨の最大の特徴は、年代をいくら経ても変色せず劣化しないところである。後漢の頃には墨粉を膠で固めた墨丸があったとされる。松脂などを燃やして出た煤に膠を混ぜて固めたもので、後に油煙に変わっていく。質のよい墨ができるのは唐代からで、日本にもすぐ伝わり墨の生産が奈良などで始まっている。中国の南北朝時代から隋唐にかけて、こうした文房四宝の発展があってこそ、書物は育った。

日本の紙は、中国から伝わった製法によって麻紙から始まった。大麻などの繊維を使用するもので、とくに奈良時代は大量の写経用紙が供給された。当時、木簡も数多く書かれたが、現存する木簡は単独の文書として用いられ、テキスト（文）とはしなかった。文として書かれたものが紙の巻物になった。

古代律令制度の法解釈書である『令義解』巻一の図書寮の項に、その職掌は経籍図書・国史の修撰とともに「校写装潢を掌る」とあり、写書手二十人、装潢手四人を定員とした。ほかに造紙手四人、造筆手十人、造墨手四人がいた。

写書手というのは写経をする係で、当時は経師ともいった。装潢というのは「截って治めることを装といい、染色を潢という」と説明されており、写経のために造紙手がつくった紙を整えたうえで染めて色をつけ、定められた寸法に截ち切り、界線と呼ばれる文字を書き入れるための枠や罫を引く仕事をした。さらに写経されたものを軸に巻き、表紙をつける細工をすることも装潢手の仕事だった。

『正倉院文書』に載っている天平八年（七三六）に行われた薬師経二十一巻の布施銭の明細に、経師料一貫三百九十五文が十五名の経師に、校生二人に銭百十文、能登忍人という装潢手一人に銭百三十九文が、題師に二十一巻分銭六十三文が支払われたとある。写書手は経師ともいわれており、その写しの誤りを正す校生、巻物の題を書く専門の題師がおり、紙を用意し装訂をする装潢手一名とともにチームが組まれていたのである。

色を染めるのは、写経では白紙を忌避するからである。天平時代の古写経は黄檗（きはだ）で染めた黄麻紙がよく用いられていた。防虫効果もあった。さらに光沢が出るように石の上で叩いて打った。筆で書きやすいようにするためである。手間暇のかかる仕事だが、いずれも美しく、千三百年経てもいまだよく保存されている。

よく見られる天平の古写経はこの黄檗染めが多いが、高級なのが紺紙（こんし）で、蓼藍（たであい）で染めたものがあった。それより薄い藍色をしたのが縹（はなだ）色の紙で露草を用いて染めた。さらに高貴な紙とされたのは紫紙（しし）で、紫根（しこん）で染めた。こうした濃い色の紙には界線はふつう銀を用いるので銀界という。文字は金粉を膠（にかわ）に混ぜた金泥（こんでい）で書く。それで紺紙金泥経などという。

この経師が後に、写経だけでなく装訂全般の仕事につくようになる。平安時代の中頃以降、装潢という言葉はあまり使われなくなった。以後、経師とは仏典を本に仕立てる仕事をする人のことを指すようになる。装潢といわれていたときからの伝統で、糊を使った巻子の製作が得意で、折本や粘葉装の聖教づくりなども手がけた。紙を打って良質な材料を提供することや、何百年経ってもはがれない独特の糊の使用など、経師ならではの技術を持っていた。巻物を短くして縦型に仕立てたものが掛物（かけもの）（掛け軸（じく））だが、寺院での礼拝や説法に使うことが多いことから、その表装も経師の仕事だった。

うるわしき紙屋紙

楮（こうぞ）は和紙の原料として最も普及した。原木の栽培が可能だったこともあって安価に供給されたうえ、強靭（きょうじん）な繊維が得られたからだ。その中でも最高級の紙が檀紙（だんし）だった。まゆみ紙ともいって奈良時代からあった。かつては、まゆみの木からつくったからといわれていたが、現在では一貫して桑科の楮を原料とした紙であるとされている。平安時代には別名を陸奥紙（みちのくがみ）ともいい、今の東北地方から送られてきたものと考えられている。厚いふっくらした紙で、男性の懐紙（かいし）として用いた。文字通り懐に入れておいて、いつでもここに歌や漢詩などを書きとめておくのである。公卿の日記などは、ほとんどこの檀紙を料紙とした。これは室町時代の初めまで続く。

檀紙が公家男子の紙だとすると、これよりもう少し薄くて硬いのが奉書紙（ほうしょがみ）で、中世以来、江戸時代いっぱい武家の公文書として用いられてきた。これも楮で漉いた厚手の上質な紙である。

九世紀に入ると図書寮の別所に紙屋院が置かれた。〈かみやいん〉〈しおくいん〉と呼ばれた。平安時代の前半までは、この紙屋院は朝廷がもつ最上の紙工場だった。全国から質のよい原料が貢進され、それをすぐれた技術で紙に仕上げるところだった。

ここで生産される紙を紙屋紙〈かんやがみ〉〈こうやがみ〉などと呼び、『源氏物語』「蓬生」にも「うるはしき紙屋紙、陸奥紙などのふくだめるに」と出てきて紙屋紙は端正で美しく、檀紙である陸奥紙はふくよかであるといっている。また「鈴虫」の巻に「紙屋の人を召して、ことに仰せ言賜ひて、心ことにきよらに漉かせたまへる」という一節があるのも良質な紙屋紙をつくる体制が整っていたことを示す。

楮とは別に平安時代には沈丁花科の雁皮を材料とした紙がつくられるようになった。当時は斐紙といい、室町時代以降は鳥の子（紙）といわれた。やや黄色と薄赤みがかった艶のある緻密な紙で、美しさと虫に食われにくい特徴があった。

和紙は実際に丈夫で長持ちする素材である。中国でも宣紙と呼ばれる白く平滑な書画用の紙が唐代からあって「紙寿千年」「百折不損」といわれていた。千年もち、百回折り曲げても損なわれることがないという意味である。和紙もそれに負けない。奈良時代の麻紙も斐紙も千年以上もつことは実証済みだし、楮紙は百回どころか千回折り曲げる実験にも耐えた。ただし、斐紙は防虫効果もあって楮紙以上に寿命は長いが、折り曲げには弱い。紙質によって扱いを慎重にしなければならないのである。

紙の製造には流し漉きと溜め漉きという二種の技法がある。前者が現代まで続く一般的な製法で、すのこに紙の原料液をくみあげ、粘剤を入れて何度も揺り動かして液を捨てていき、すのこに残った薄い残り部分を乾燥させて紙にする。平安時代の初めからこの方法が日本で考えられ、楮紙はもちろん斐紙の薄様（薄葉）もこれでできるようになった。この液を捨てずに揺り動かすだけの方法を溜め漉きという。もともと中国から伝わったのはこの方法で、厚手の紙に向く。

平安時代からの紙で近年注目されているのが打紙（うちがみ）という技法である。奈良時代の装潢手が打ったのがその源流で、いったん漉いた生の紙に水を加えて木槌（きづち）で叩いていく方法である。叩きながらトロロアオイなどの粘着剤を加えて乾かしていくという工程で非常に手間がかかった。その結果、表面に艶が出て文字が書きやすくなった。とくに紙の表裏両面に文字を書く場合は、この打紙をよく使用するのだそうだ。さらに科学的な分析が進んだ結果、楮紙も打紙にすると光沢のある料紙になり、これまで斐紙と思われていたものが楮紙だったことがかなり判明しているそうだ。一般的な楮紙は漉いたときのすのこの網目が透かしのように残っているものである。ところが打紙にするとこの網目が見えなくなる。これが楮紙の打紙を見分ける方法だそうだ。

このほか、中国や朝鮮半島との貿易で各種の紙が入ってきたが、厚地に胡粉（ごふん）や雲母（きら）で模様を刷りだした唐紙（からかみ）や高麗紙（こまがみ）などの伝来品も珍重された。こうした紙々をさまざまに駆使して本にするのが当時の趣味だった。

紙屋院ですぐれた造紙技術が確立したことで、和紙のその後の時代の趨勢（すうせい）も決まった。楮紙と斐紙が主流となったのだ。麻紙はつくられなくなった。そのため、麻紙の製造法の伝承が止まってしまい、現在にいたるまで再現が難しくなってしまった。

リサイクルの漉き返し

今日まで伝わる最高の紙である斐紙には、厚様（厚葉）と、薄様とがあった。厚様は表裏に文字を書いても裏写りすることがなかったし、薄様といえども丈夫だった。これにさまざまな色と模様を入れるなど美しい紙を演出した。それで男性が懐に檀紙を入れていたように、女性は薄様を懐紙にした。この中間の厚さもできるので、中様ということもある。

紫式部が「色々の紙選り整へて」といったのは、このさまざまな色をした各種の紙を用意して、ということである。今は色紙と書いて〈しきし〉というが、当時は文字通り〈いろがみ〉だった。薄様は品よく色が染められていた。この異なった色を組み合わせて本づくりをした。『枕草子』に「紅梅の薄様に書かせたまふ」とあるのは、色の違う薄様を二枚重ねて使ったさまをいっている。この場合、上になる薄様の色紙に文字を書き、下に色の違う紙を重ねる。これを襲といい、本来装束に使う「かさねの色目」からきている。季節によって組み合わせを替え、上が紅梅色、下が蘇芳色の「紅梅がさね」、上が白色、下が青色の「卯の花がさね」などと名前もついていた。その微妙な色合いを紙でも楽しむのが優美だったのである。『源氏物語』の原本はこの紙を用いたのであろう。

大きさは懐紙としての役割もあったので、そう大きくない。男が使う檀紙の懐紙は縦が一尺ほど（約三十センチメートル、時代によって多少異なる）だが、女性用の懐紙はもう少し小ぶりであったと思われる。

　こうして紙屋院はたしかに上質の紙を製造したが、その体制は長くは続かなかった。十二世紀に入ると紙屋院はしだいに反故からつくる紙（故紙）の製造場に変質していった。律令制の面影はなく、中央に質のよい材料が貢納されてこなくなったのだ。新規の原料が減ったので、故紙に頼らざるをえなくなったと思われる。別の面から見ると、民間ですぐれた紙がつくられるようになり、それが流通によって都に運ばれてくるようになったからだともいえる。荘園によっては現地で産出した紙を年貢として納めることが十二世紀頃から見られるようになる。

　和紙は楮であれ雁皮であれ、木の繊維を薄く敷き延ばしてつくるので「漉く」というのだが、一度使った紙を溶かして煮ることで再びその繊維を利用することができた。それを「漉き返し」という。朝廷では紙屋院に反故を集めてこの方法で紙をつくるようにしたのだ。別名を宿紙といった。側近の蔵人が帝の意を奉じて出す綸旨や、蔵人所の出す口宣案などの文書にこの紙を用いた。宿紙は墨で文字などを書いたあとの故紙が原料なので、漂白が難しく漉き返すとどうしても灰色になってしまう。それで別名を薄墨紙ともいった。

紙は貴重品だったため、一度書いた紙背を用いるなどできるだけ倹約をして使用していた。そのため、宿紙をつくることでリサイクルが進んだと一般的には考えられているが、そうだろうか。勿体なし、というのは平安時代では不都合だという意味だが、中世になって「惜しい」という意味にも使うようになったそうだ。とはいえ、帝の命令をあえて漉き返しの薄墨色の紙にしたのは、たんに「もったいない」からではあるまい。公卿の日記などは高価な檀紙を使うことが多く、蔵人所以外の文書では必ずしも宿紙を使わない。宮廷全体が紙不足から漉き返しですまそうとしたのでなく、もっと別の考えがあったに相違ない。なぜそうしたのか、明らかになっていないようだが、院の出す院宣、公卿の出す御教書などの奉書には、平仮名が入り込むことがあるので、正規の檀紙でなく別の紙を使うのだという考えもある。

江戸時代になっても朝廷の出す綸旨などの文書は薄墨色の紙を使い、それも宿紙といったが、さすがに漉き返しでなく新品の紙をわざと灰色に染めたものを使用していた。漉き返しに意味があるのでなく、薄墨色に意味があったからだと思う。伝統というのは、こういうことをいうのだろう。

千年前の表記ルール

句読点がない平安の物語

平安時代の仮名の文は、『源氏物語』の「梅枝（うめがえ）」にある「乱れたる草の歌を、筆にまかせて乱れ書きたまへる」という表現からよくわかる。形式的に堅苦しく書くのでなく、自由な態度で書かれた。

その方法で書かれた『源氏物語』の原文はどうであっただろうか。現代において「原文」といっているのは後世の注釈作業の結果、漢字をあてはめた箇所が多く、元の文とは異なっているからだ。この差を、たとえば「梅枝」の中で巻子の『古今和歌集』を紹介する一節で見てみよう。

藤原定家が校訂した『源氏物語』の「青表紙本」の系統の中でも最も信頼できるといわれるのが、昭和初期の「大島本」である。多くの活字本はこれを底本にしている。ここから後の人が書き入れた句読点を取り除いて原文を紹介すると、こういうふうである。

延喜のみかとの古今和哥集をからのあさはなたのかミをつきておなし色のこきもんのきのへうしおなしきたまのちくたむのからくミのひもなとなまめかしうてまきことに御てのすち越かへつヽいみしうかきつくさせ給へり

これでは現代人にはすらすらと読めない。最初の「延喜」「古今和哥集」などの固有名詞のほかは、漢字が色・御(み)・越(を)・給だけであとは仮名である。句読点はない。とくに「からのあさはなたのかミをつきておなし色のこきもんのきのへうし」の箇所は、仮名だけではとても理解できまい。それが、現代の平均的な翻刻本だとこうなる。

延喜の帝の、『古今和歌集』を、唐の浅縹の紙を継ぎて、同じ色の濃き紋の綺の表紙、同じき玉の軸、緞の唐組の紐など、なまめかしうて、巻ごとに御手の筋を変へつつ、いみじう書き尽くさせ給へり。

今、ふつうに『源氏物語』の「原文」といっているのは、こうして見るとかなり手の入ったもので、しかも現代風の句読点や濁点が入ることにお気づきだろうか。これで読むと、たしかにだいぶ意味がわかるようになる。延喜帝の『古今和歌集』

は唐風の浅縹色の紙を継いで、同じ色の濃い模様の入った綺（あやぎぬ）の表紙がついていて、同じような玉の軸に緞（緞子）の唐風組紐がついている巻子で、巻ごとに御筆跡の書風を変えながら、すぐれた書で書き尽くしあそばした、と現代風に読むことができよう。

元の文が句読点もなく漢字も少ないのは、平仮名文は楷書でなく行書・草書で書くことと関係がある。連綿といって文字を続けて書くのである。たとえば「なり」はふつう文章の区切りなので、書き文字もそこで切る。文も区切れる。しかし「なりけり」という表現もある。これを連綿では四文字続けて書く。連綿の途切れがあることで、句読点がなくともある程度区切りがわかるのである。

どこで筆に墨を継ぐかということも、意識的におこなわれた。墨の濃いところが文頭になるようにする。これだけでも句読点のかわりになる。印刷物のように均質な濃さで刷られる場合と、写本との違いはこういうところにもあらわれる。こうしてみると、現代人のほうがよほど不便な読書を強いられているともいえるのだ。そして当時の読み方が音読だったこととも関係する。句読点のない文を黙読するのは難しいが、音読すると文の切れ目が意識されるのだ。

枠にはめない「ゆるやかさ」

これらのことは、仮名が制約のない書き方だったことと関係する。

同じ古い写本でも写経や漢籍の筆写では、逆に意識的に均質な墨の濃さを出して、濃さ薄さで文の切れ目を意識させないようになっている。また、写経には料紙に薄い線を引いて写していくもので、紺紙や紫紙ならそれを銀界でということを紹介したが、おおむね漢文の書物にはこのような文字を書くための枠である界線が引かれる。これは中国の伝統である。写経というのは一行が十七文字と決まっていたので、縦の線である界線とは別に、十七文字分の横の線を引いたものもあったそうである。原稿用紙の升目のようになるのだ。漢文体の書物では書体も楷書が正規なので、こうしてきっちりと書くのである。これは印刷本になってもまったく変わらない。一行に入る文字数をつねに一定にさせる。

これに対して、仮名文には界線は引かない。一葉に何行入るかという行取りは決めるが、連綿によって異なるので一行に何字入るかは決まらない。文字に枠をはめないのである。これも江戸時代までずっと同じである。

こうしてみていくと、「伝統は守る」のだが、それは「ゆるやかに」継承していくことだった。法令で決めてしまい、それに従わないのは誤りだという発想は、近世までの日本にはなじまなかった。この「ゆるやかさ」こそが、一方では様式を尊重して守るが、他方では新しいことに挑戦して変化をいとわない、という態度だったのだ。

このようにさまざまな工夫と努力がなされたが、何よりもそこに美的な感覚があったことを忘れてはならない。それが〈雅〉なのだが、この言葉は気をつけておかなければならない。雅は〈みやびやか〉という使い方で平安時代にもあったが、むしろ当時は「風流」とか「過差」ともいった。風流は後に踊りと結びついて中世の芸能になる。過差は「ぜいたく」という意味で使われるが、華美ということである。実は、いずれも怨霊を鎮めることと関係していた。書物を美しくつくりあげるのは単なる趣味の問題でなく、もっと切実な意味のあることだったと思われる。そこにこの時代の書物の役割が垣間見えるのである。王朝風の洗練されたセンスのよい造本を〈雅〉というようになるのは後世のことである。江戸時代においても一種の憧れの対象となった。お嬢様方の嫁入り道具に欠かせなかった。ただし、そこには悪霊の姿はもう見えない。

よみがえる『源氏物語』

想定される判型は？

今、私の手元に江戸時代の嫁入り本がある。比較的裕福な家庭の娘を嫁がせるときに持たせる嫁入り道具に黒棚と御厨子というのがあった。その棚には、文箱、短冊箱、元結道具などの道具類と並んで、必ず本を入れた。歌集や物語の美しく装訂された幾種類かを置く。そこに『源氏物語』が入ることもあったが、全五十四帖揃うのは相当に裕福でないとできないことである。手元にあるのはその中の「鈴虫」の巻である。あくまでも江戸時代に作成された本である。しかし、これまで述べてきたように、本の世界の伝統は長い。完全ではないにしても、昔からの様式を守ってつくられる。そのどこに平安の息遣いが残っているかを見つけてみよう。

まずは外見から。表紙は特別な模様を描き入れた染め紙を使って優美である。題簽はなく、もちろん「源氏物語」という題はどこにも書かれていない。その中のどの巻であるかも、文頭には書かない。表紙にも書かないことが多いので表紙をめくった最初の頁（第一丁のオモテ）にあたるところに小さく「すすむし」と書いてあるだけである。

大きさは、縦十六・五×横十七センチメートルのほぼ正方形の枡型本。これを六半本という。六半本というのは料紙を縦三分の一に折って断裁し、横を半分で折ると全体の六分の一になるのでついた名前である。縦を半分に裁つ場合を四半本という。しかし、いずれもこの表現は、中世の鳥の子紙のサイズから来ており、平安時代の紙の大きさが不明なのではっきりしない。もしかすると王朝で使った紙は初めから縦がせいぜい六〜七寸（二十センチメートル前後）程度しかない小さいものが使われていたとも考えられるので確定はできない。

十一、二世紀頃の料紙が小ぶりだったと思われるのは、この時代の代表的な古筆のひとつである「寸松庵色紙」の大きさが縦十三センチメートル、横十二・五センチメートルのほぼ正方形であることからも推定できる。「寸松庵色紙」は従来、伝紀貫之筆ともいわれたが、もう少し後の十一世紀末の作風で、元は粘葉装だったのをはがして屛風に貼り付けたものとされている。京都・大徳寺の寸松庵に伝わったのでこの名がついた。同時期の作品としては、ほかに「継色紙」（十三センチメートル四方）や「枡色紙」（縦十四×横十二センチメートル）が知られている。

このほか、平安時代末期から鎌倉時代初めと思われる書物でも、現存するものとして『源氏物語絵巻』は縦の寸法が七寸程度（二十一センチメートル）だし、『栄花物語』の古写本が三条西（さんじょうにし）家に伝わったが、大小二種類あって小さいほうの『世継物語』と題された本が縦十六・二×横十四・七センチメートルの枡型本で、こちらが古い形態といわれている。しだいに紙の寸法が大きくなっていく傾向にある。

このように見ていくと手元の「鈴虫」の巻の寸法も大きくなっており、千年前の『源氏物語』はそれより小さい十三、四センチメートル四方の枡型をしたサイズと考えておくのがよいと思う。これが当時の歌集や物語の大きさと考えられるのである。「寸松庵色紙」は唐紙の二枚かさね（襲（かさね））で色の異なる二枚を重ねて、その上側だけに文字を書く。二枚目に映っているところがあるので、紙を重ねてから書いたらしいことがわかっている。『紫式部日記』に「色々の紙選り整へて」とあるのは、紙屋院でつくった斐紙の薄様であろう。これも二枚重ねにして文字を書いたと思われる。中世以降、この紙を重ねて本にする習慣はなくなっていき、かわりに厚様と薄様の中間的な中様の鳥の子紙が列帖装の料紙に使われるので、手元にある江戸期の「鈴虫」の巻も薄様の襲ではなくなっている。

しかし、文字の書き方は伝統を踏襲している。文字は一行十四、五字で一頁（半丁）十行程度である。一行に何字入るかは連綿なので一定しないが、行数は一冊の本の中で一貫して同じである。十三、四センチメートル四方としたら、一頁九行程度ではないだろうか。

『紫式部日記』の表現では、いろいろの紙を用意し、「物語の本ども」つまり『源氏物語』の書写用原本をつけて能書家に清書を依頼した。そして、清書された本文が集まってからは、それらを綴じ集める仕事に明け暮れたといっている。それがどのくらいの量なのかはわかっていない。少なくとも、五十四帖すべてを作成したと考えている人はほとんどいないにしても、おそらく二十帖分ほどの単位ではなかっただろうか。そのくらいの量を自分たちで製本したというのである。専門の職人などに依頼していない。さあ、どう綴じたのだろうか。

紐と糸はどう使われた？

もちろん巻子状でなく、冊子状に製本するのだが、装訂の歴史から考えれば粘葉装だったと考えるのが最も無難である。しかし、『源氏物語』や『枕草子』などにしきりと出てくる草子と「紐」や「糸」の関係をどう考えるかによってそれは変わってくる。

たとえば、「梅枝」の巻に「まだ書かぬ草子ども作り加へて、表紙、紐などいみじうせさせたまふ」とか「表紙は羅、紐、同じからの組、かけごのうへに入れたり」とあり、冊子づくりに紐、とくに組紐が出てくる。また『源氏物語』とほぼ同時代の

『枕草子』に「なまめかしきもの……薄様の草紙、村濃(むらご)の糸してをかしくとぢたる」という一節があって、糸で趣のある綴じ方をした草子があったと考えられる表現がある。

しかし、先ほども紹介したように複雑な糸綴じをした列帖装は、十二世紀より古いものが現存していない。逆に空海の時代からの粘葉装は、列帖装があらわれる頃に成ったと思われる西本願寺本『三十六人家集』にまで続いている。『源氏物語』と同時代の『和漢朗詠集』の現在、宮内庁に残されているものも粘葉装である。つまり、十一世紀段階ではまだ糸かがりをする列帖装になっていないのである。それなのになぜ紐・糸なのだろうか。

紐と糸は違う。書物に紐を用いるとしたら巻子をしまうときに巻いておくものだ。これがふつうである。さらに折本をしまうときにも用いられたこともあった。また、表表紙と裏表紙と背にあたる部分全体をくるむようにしたものがあった。これに紐をつけて保管時に結んでおく。それを旋風葉(せんぷうよう)という。風が吹くとひるがえるようになるからだというが本当だろうか。この方法は粘葉装にも使うことができる。仁和寺(にんなじ)に残された空海の『三十帖冊子』を見ると、濃紺の絹地をした表紙が本文を包んでおり、そこに紐をつけて結んで保管するようになっている。あるいは「梅枝」の巻に「かけごのうへに」とあるのは、「かけご」というのは入れ子になった箱のことで、それをしまうときに紐で結ぶので、そのことをいっているのかもしれない。つまり紐とは結ぶための用途である。それに対して、糸はあくまでも紙を縫うように綴じるときに用いるものだ。

実はこの中間がある。糸を何本も重ねて使う方法だ。これは組糸というべきか、何本かの糸が束ねられたものである。明治期の和装と洋装の過渡期には、これで結び綴にした小冊子があって、これを大和綴ということは先ほど紹介したとおりである。

とすると紫式部が「御草子作りいとなませ給ふ」といったのは、粘葉装だったかもしれないし、この結び綴かもしれない。列帖装になると職人にまかせないとつくれないが、これなら宮廷の中において個人でもできるからだ。

『源氏物語』復元！

『紫式部日記』の「色々の紙選り整へて、物語の本ども添へつゝ、所々に文書きくばる」というやり方から推して、あらかじめ製本しておいたものを渡す列帖装の方式ではないことを示している。何人もの人に分担して書いてもらうのだから、複雑な頁割りをする方法では無理だからである。

だからといって粘葉装そのものではないと思う。定家の『下官抄』は粘葉装だった時代と列帖装になった装訂の変化に対応した本づくりの基礎を述べたのだと理解できる。それによれば左枚から書き始める方式は「旧き女房の書き置く所皆此の如し」とあって、まさに十一世紀初頭の紫式部たちのことだ。それが藤原伊房（一〇三〇〜九六）の時代になると、こだわらなくなっている。この数十年間の変化に気をつけておかなければならない。さまざまな試行錯誤があった時期である。

その可能性を考えてみよう。それには二種類あって、ひとつは料紙を一枚ずつ折ってノド側のところで重ねていくもので、そこまでは粘葉装と同じである。違うのは、糊でなくノドの二ヶ所に穴をあけて、そこに組糸を通して綴じる方法である。これが結び綴である。糸は美しい染め糸を束ねたもので、結び目も飾り結びにする。そして、表紙には美しい厚紙をあてがう。図7が私の想定した冊子の外観である。

もうひとつの可能性は、料紙を折った後、中央で重ねていき、折り目のノド部分で糸を通して綴じる中綴の方法である。列帖装も同じだが、それほど複雑ではない。しかしこの方法は頁割りで列帖装と同じようになるので、今回の『源氏物語』の製作には向かない方法である。

私は前者の結び綴を想定したい。専門の職人を煩わさずに彼女らの手で綴じることができることと、紐や糸が文献に出てくる問題も解決されるからだ。

この結び綴は容易に製作できてシンプルだが、糊付けするよりかえって丈夫であるし、もちがよい。表紙や紐に工夫をすれば美しさも表現できる。糸綴じの方法をさらに進歩させて、丈夫でなおかつ美しい本にすることができるのは、紫式部の後続の世代の人が、摂関期から院政期に移る頃に生み出した列帖装で完成する。『源氏物語』はその過渡期に書かれたことを忘れてはなるまい。

図7　私の想像した千年前の『源氏物語』

『源氏物語』の研究は膨大で奥が深い。そこにあえて私が参加したのは、あくまでも千年前の本を見てみたいという欲求からである。誰も見ていない本には想像力が膨らむ。そのことと、書物の歴史が交錯する。美しい本をつくる欲求、たえまのない工夫があった時代をもっと知らなければならないと思うのである。今日にいたる日本人の書物観はここから育ってきた。そのよってきたる基盤を知る必要があるだろう。

『源氏物語』の好きな方が、読むのは活字になった本、もしくは現代語訳されたものでよいのだが、一度でよいから古い「形」も見てほしい。そうすると、平安文学が成り立つ背景には、本づくりのたゆまぬ努力があって、冊子の新しい世界を形成しようとする強い意識があったことを読みとってもらえると思う。物語はそのように複合的に見てほしいのである。

第二章　中世の本づくりを担った人びと

藤原定家の時代

もう一人の黄門様

紫式部が活躍していた十一世紀前半は、藤原氏とりわけ北家の系統が摂関家を独占して政治の中枢を占めた時代で、道長がその頂点をきわめた最盛期だった。しかし、十一世紀末になると摂関家の力は衰え、上皇が院と呼ばれて実質的な政務をとるようになる。白河帝が堀河帝に譲位し、上皇となって自らを白河院と呼んだことから始まる。同じ平安時代だが、十一世紀末までを摂関期、以後を院政期といって区別する。

書物の世界にも、院政期から鎌倉時代にかけて変化が見られた。かつての摂関政治に見られたような貴族層の力は弱体化していき、書物とのかかわりは公家よりも寺院が中心になっていく。

公家は、しだいに小さな家に分化していくことで、朝廷における公事(くじ)にかかわる家ごとの役割をはっきり持つようになる。それぞれの家では、その生存をはかるためにお家芸(家業)で身を立てるようになったのだ。

その中で、書物に関係する部門は博士家であった。律令制を取り入れたさいに日本でも大学寮が設置されたが、盛んではなかった。科挙の制度がないわが国では、貴族の子弟はそのまま世襲できるので、あまり勉強をする必要がなかった。むしろ教養のために大学で学ぶより、いわば家庭教師を呼んだ。その家庭教師を担ったのが博士家で、中原、清原などの明経博士、菅原、大江などの文章博士、惟宗などの明法博士がいた。

和歌に関しては、御子左家と呼ばれる公卿の家系が引き続き中心だった。藤原道長の子・長家を祖として、代々和歌を専門とした家である。その御子左家の藤原俊成の子として生まれたのが藤原定家である。平安時代末から鎌倉時代の初めの西暦一一六二年から一二四一年まで生きた人で、和歌に限らず日本書物中興の祖といってもよい。

定家は建保六年（一二一八）五十七歳のときに民部卿となった。民部卿というのは財政や租税を管轄した重要な役所の長官である。定家のことを、この役の唐風の呼び名（唐名）で戸部尚書ということもあった。その後、貞永元年（一二三二）、正二位権中納言に任じられた。権とつくのは仮に任じられた官位ということで、いわばお飾りである。中納言のときは居住地にちなんで京極中納言ともいわれた。また中納言のことを唐名で黄門といった。そのため、京極黄門とも呼ばれた。江戸時代の徳川光圀を水戸黄門といったことは有名だが、なにも光圀だけではなく、いつの時代でも黄門はずっと用いられてきた呼称の慣習であった。

定家の業績は『新古今和歌集』『新勅撰和歌集』などの歌集づくりにかかわったほか、『源氏物語』『伊勢物語』『枕草子』さらには『土佐日記』『更級日記』などの正確な伝本の整理をおこない、善本を残そうとしたことである。基準となる原本に複数の写しを照合しながら文字の写し誤りや異同を修正していく作業を校合という。これを〈きょうごう〉と読むのだが、『正倉院文書』にも出てくる奈良時代からの古い用語である。これに原本側の誤りまで正していく作業を加えるのが「校訂（こうてい）」である。定家はこの校訂に値する仕事をした。しかもこの仕事についたのは、八十歳の生涯のうち六十歳を超えてからのことだった。『土佐日記』には原作者・紀貫之の自筆本があって、それを借りることができたことは第一章で紹介したが、それは文暦（ぶんりゃく）二年（一二三五）定家が七十四歳のことである。その写しの奥書（おくがき）に「老病のために眼がよく見えなくなっていたが、あまりの珍しさで感にたえず二日がかりで書き終えた」と記されている。

物語から古典へ

平安の物語は成立してから二百年経っているものも多く、中にはいい加減な写本もあり、不明な文字や意味の通らない文がいくつも出ていた。定家は、その中から原本に近いものを復元しようと努力した。このように、ただ書写しただけでなく、校訂も加えてできるだけ原本に忠実たらんとしたものを証本という。『源氏物語』では定家がこの作業をおこなった本を紺色の表紙にしたので「青表紙本」と呼ばれ、江戸時代においても現在においても最も重要な証本のひとつとなった。ただしこれがベストではなく、最近は源光行・親行親子の校訂した「河内本」のほうが原文に近いといわれている。またこの二者とも系統を異にする古写本も見つかっており、別本として注目されている。

写本には、本文の末尾、奥書に誰の本から、誰がいつ写したかという来歴を記す習慣がある。それが印刷本（版本）になっても受け継がれたのが刊記であり、さらに現代まで続く奥付へ引き継がれていく。写本の場合は、その奥書のうち最も古いものを本奥書といって大事にする。そこから再び別の人が写したときは、それに加えて、いつ、誰が書いたかを記す。このような来歴がしっかりしている本ほど「由緒正しい」のである。校訂に力を注いだ定家の筆写本にもこれが書かれる。

『伊勢物語』は、これまでに十回近く書写されている。今日その自筆本は存在しないが、後世の人が写す場合でも、その大本は定家の仕事であったことを示すために、本奥書を残しておく。本の奥書には「藤原定家」などと本名を書かずに、書写した時期の役職名を書くのが習わしである。たとえば「戸部尚書」「京極中納言入道」「京極黄門」などと記している。

定家が書物中興の祖だというのは、多くの物語を見出して校訂しただけでなく、第一章で述べたとおり書物の形も定めていったことにある。格式を重んじる本は巻子にする伝統がまだ生きていた時代だが、定家は歌集や物語のほとんどを冊子にした。紀貫之の自筆本『土佐日記』は巻子だったが、定家は冊子にして写した。装訂方法はとくにぜいたくにしないが、上質の紙を用いた列帖装である。華美にならない程度に〈雅〉な雰囲気を添えて書籍をつくっていった。

以後、定家の子孫はこれを原本として、内容も装訂もそのままに、何代にもわたって書写することを仕事にしてきた。物語の書名も定家の示した呼称が伝えられ、以後固定化されていく。古典文学の書籍が残るというのは、そういう地道な仕事が継承されたということである。江戸時代の人はこれを〈雅〉な伝統と考えた。同じ本でも、寺社の僧侶たちのつくる書物とは雰囲気が異なる。

現代において古典とされている多くの平安文学が残ったのは、このような十三世紀初頭の定家の仕事が大きく寄与したことがわかる。物語のような草子（冊子）を後世に残すべき「古典」であると認識させたのもこのときであろう。古典が正式に〈書物〉の仲間入りをしたのだ。それまで物語本というのは、その場で楽しむための道具でしかなく、そのために十分な保存がなされなかったきらいがあった。

定家以後、その子孫で和歌と記録にかかわる家として現代まで続く冷泉家のことを忘れるわけにいかない。定家の家系は、後継ぎの子・為家から三家に分かれた。その住まいの大路・小路の名をとって二条家、京極家、冷泉家となった。それぞれ和歌を芸とする御子左家であり、蹴鞠（けまり）も得意としていた。しかし直系の京極家や二条家は断絶してしまい、上下二家に分かれて存続した冷泉家も上冷泉家だけが残った。現在の冷泉家当主は上冷泉家を継いで、為家の子・為相（ためすけ）から数えて二十五代目である。その間、一子相伝を続けてきた。

　応仁の乱とそれに続く戦国時代には、京都にあった典籍類が焼亡の危機にあい、冷泉家も例外でなくかなりの書物を失った。しかし、それでもよく守ったほうで、疎開を繰り返してどうにか少なからぬ書物を守ったのだった。

大きな役割を担った寺社

物持ちがよい寺社

最近の歴史学の趨勢では、院政期以降の中世社会における寺社勢力の強大さがいわれている。ふつう歴史の流れでは、中世は公家と武家の勢力争いが起こり、武家が権力を掌握した時代と考えがちだが、もうひとつ、寺家の実力もあなどれなかった。寺院が政権を掌握し人民を支配するような直接的な権力機構を持っていたわけではないことと、春日(かすが)社や祇園(ぎおん)社のような社家も寺院に付属して強大だったので、併せて寺社勢力という。

親鸞(しんらん)、日蓮、道元といった新仏教を提唱した人物はあらわれたが、寺社の中から傑出した歴史上の人物が出て活躍する物語もあまり存在せず、トピックスとしては弱いために歴史の表舞台にも立たなかった。ヨーロッパ中世の教皇権のような統一的な権威もなかった。しかし、その社会への浸透度や影響力はきわめて大きいものがあった。

これに対して反対意見もあるようだが、こと書物の歴史をみると、この寺社の役割の大きさはもっと語られるべきだと思う。

その勢力の中で、天台宗や真言宗などの顕密仏教が重要だった。彼らは朝廷や公家を中心とした国家護持的な性格から、しだいに法会・講会などの機会を増やして民衆教化に力を入れるように変化していった。そうした自己革新をしながら、結局中世を通じてつねに勢力を持ち続けたのだ。それが五百年もの間続いていた。ずっと下った十六世紀にやってきたフロイスが天台宗の延暦寺を「日本の最高の大学」と表現したのもうなずける。つねに学問の中心でもあったのである。

寺社というのは、ピラミッドの頂点に親王や公卿出身の学侶と呼ばれるエリートがおり、その下に武家出身の一般僧がいて、ここまでを僧侶といった。この出身身分の上位が寺院内部でも力を持っていた。その下に行人・堂衆などと呼ばれる大衆層が寺院の形成する都市（「境内都市」という人もいる）周辺に集まって住んでいた。僧兵もこういう層の人たちで構成されていたし、その末端が商工業と深く結びついていた。さらに寺社に出入りする聖や神人がいた。彼らはいわば放浪民であり、商人でもあり芸能者でもあった。この上から末端にいたるまで、書物とは深いつながりがあった。

公家は和歌や学問、文学の実力はあったが、数も少なくあまり経済的に豊かではなくなっていた。といって武士で読み書きができたのはまだ少数である。文字が読めて、書物を愛でることのできるのは学侶だったのだ。それが中世の知識人層を形成していた。

その具体像をみていくと、ひとつには長期にわたる書物の収集・保存の活動がある。次に書写・校訂・注釈といった既存の書物を「育てる」仕事、それは寺院が教育機関の働きをしていたことを示す。そして自ら執筆して本を書いたのも、多くは僧侶たちだった。学問をするということは、そこから書物が書かれ、読まれていくこととつながっている。お経の本文でなく教義や行法などを述べた聖教のような書物が学問となったのである。書物と学問の関係が深くなったのは、こうした寺院の体制があってこそだった。

何よりも重要なことは、寺院というのは数百年、千年続くということだ。栄枯盛衰の激しい武家でなく、長く続く寺院のもとにあったので学問の体制が永続し、貴重な書物の伝存につながったのである。寺社が権力や武力から相対的に独立した無縁の場であったことが、安定した書物研究と長い保存を可能にしたともいえるだろう。寺は物持ちがよいのだ。そのおかげで書物だけでなく、多くの古文書も残った。現存する中世文書は公家・武家の日記・記録類を除くと、ほとんどが寺社で保存されてきた文書類である。これらは第一級の史料である。文書史料残存度の国際比較によると、日本は最も数が多いといわれているが、その第一の功績は寺社の力である。日本には和紙を好む虫がいて、よく食い荒らす。そのためには虫干しをするなど日常からの保管作業が不可欠だが、そうした努力を惜しまずに残してくれた。書物を置いておく経蔵には、小ぶりな櫃（ひつ）に本が納められていたそうだ。それは、火災やさまざまな変事に備えて人が容易に運び出せる大きさにしたためだ。そこにあるのは「本はお預かりもの」という発想だ。つねに後世に残そうという意識が書物に対して働いていた。

平安時代の書物は、ごく一部の人たちにしか読まれないきわめて少部数の写本が主だった。その後も、読者層の拡大は少しずつ見られたものの、まだ一部の人にしか広まらなかった。それでも、古典は数百年の時間をかけて伝えられた。それは最初につくられた本がそのまま残るからでなく、幾人もの人の手で写し続けられてきたからである。しかも、ただ内容を書き写すだけでなく、その〈雅〉な姿もいっしょに残した。書物とは「読む」ことだけが目的ではない。書物の心というべきソフトウェアも付随させて後世に残すことも、重要な目的である。中世の人たちは、よくこれを心得ていたと思う。本を手にする当時の人は、それを単なる自分の所有物と考えるのでなく、歴史の通過点として自らの手でもそれを伝存する役割を自覚していた。定家は後世の人に伝える手本としての仕事も伝えた。この意識を保持し続けた人びとの努力がないと、私たちは古典を読むことも、見ることもできないのである。それは「印刷」されたものだけが書物の役割を果たしているという錯覚を否定することでもある。

注釈で再生産される書物

中世は注釈の時代でもあった。文学や思想の創造的な活動も絶えずあったが、それにも増して古典の継続を担ったのは注釈であった。

注釈というのは、字句の意味を明らかにする「注」（註とも書く）と、語句を解き明かす解釈・講釈などと使う「釈」の双方を合わせたものである。現代においても古典の翻刻にさいして加えられるのがこうした注と釈である。中世における注釈は、こうした近代的な定義にすべてあてはまるわけではないが、原文の意味不明な箇所をわかりやすくすることから始まった。

『日本書紀』が成立して間もなく講読の催しが開かれ、博士が読み方や語義を解説した。それが記録されて『日本紀私記』として残っている。これなどは古い注釈のひとつの型である。中世においては、注釈は圧倒的に僧侶による仕事が多かった。仏教に関する注釈書もさることながら、文学まで彼らの領域だった。たとえば『万葉集註釈』を著した鎌倉時代の僧・仙覚（せんがく）、『源氏物語』の「河内本」を作成した源光行・親行父子の親族で後に出家し『紫明抄』（しめいしょう）（十三世紀後半）を書いた素寂（そじゃく）などが知られる。それらはその後の研究の指針となった。

現存する中世文献を見ると、寺社の果たした役割の大きさをひしひしと感じさせられる。古書業界の催しで毎年実施される和本類や古い中国文献を集めて入札する「古典籍展観大入札会」の目録に載った日本の「古写本」の部門は、その縮図となる。

その外観を記すと、数は少ないがまず物語があって、ほとんど『伊勢物語』か『源氏物語』である。お伽草子を中心とした奈良絵本は目玉商品なので目立つ。そのほか、文学の分野で数が多いのは和歌や歌論で、室町時代からは連歌が増える。漢文や国史はほとんどない。医学・兵法・有職故実（ゆうそくこじつ）の本が少々。全体として圧倒的な数量は仏教書である。奈良時代から南北朝時代までの古写経があって、次に広い意味で聖教などの教義に関する書物で講式・次第・秘法・灌頂（かんじょう）、論や疏（しょ）といったものが並ぶ。室町時代中頃からのものとして禅宗を中心に僧侶や博士家による講義録である抄物（しょうもの）もある。インターネットで検索できる「国書データベース」で中世の分をサンプル抽出しても、半数かそれ以上が仏教関係書であることが明らかになる。ただ、書物としての実用性が前面に出てくるので、装訂は地味できらびやかさを失っていく。

知識人である僧侶にとって書写することは功徳であり、信仰の確かさを示す行為である。したがって、物を書く作業を少しもいとわなかった。その中ですぐれた学侶によって訓点や句読点が入り、校合と注釈が施され、論じられていく。

方法としては、まず元の本から正確に努めて本文を書写する。校合によって本文を改めるときはその根拠を述べる。読みやすくするために句読点や振り仮名を入れる。原文と区別するために朱で入れることが多い。漢文には訓点を入れていく。中世の後半からと思われるが、固有名詞を区別するために朱で線を引く朱引(しゅびき)も入る。その後に注釈をしていくが、いずれもその本の欄外に直接書き入れていく。物語のように仮名が多く、漢字がほとんど入っていない場合、語彙(ごい)を漢字にするだけでも意味が通りやすくなる。注釈をつけるというのは、新たな著作を「つくる」のと同じくらいの作業である。

こうして書き入れられた本は、弟子や後世代の者に伝えられていく。次の者が写すときは、その書き入れごと写す。それにまた新たな注釈が入る。注釈し書き入れるという行為は、研究することだけでなく、書物を残し、「育てる」役割をも果たしたのである。注釈が進むことで、引用が可能になるという側面もある。あるいは、古典をそのまま「読む」のでなく、「読みかえる」こともある。書物は再生産されるのである。

秘伝と公開

注釈には限界もあった。ひとつには、注釈が進み過ぎることでおきる問題だ。木を見て森を見ない式の枝葉末節にこだわった研究が横行し、原テキストを超えてしまうこともある。物語に仏教臭さが入り込みすぎることもある。そのため現代では物語の古典を研究するさい、中世の注釈をむしろ「雑音(ノイズ)」として嫌うことがある。漢籍の訓点に「間違いが多い」といって無視しようとする傾向もある。現代の学問水準からみると、たしかに中世の注釈は誤りも多く、余計なことも多いが、こうした歩みを経て「知」が蓄積されてきたことを忘れてはなるまい。

もうひとつの問題は、中世の間、博士家、貴族の家業、寺院の宗派などで書物を秘伝としてしまったことである。とくに家業は自家の子孫にだけ一子相伝するのが建前なので、他家に知られないように伝授した。物語や和歌の読み方（読み癖）が秘密にされたりする。たとえば『古今和歌集』の故実や解釈を秘伝としたのが「古今伝授」で、室町時代中期には宗祇によって最盛期を迎える。その伝授は口伝によっておこなわれるが、その内容を紙片に記しておくこともあった。それを「切紙」といった。

顕密寺院や禅宗でも教義において伝授がおこなわれ秘伝とされた。それを記したものも、印信といったり切紙といった。漢文に施す訓点も同様で、ヲコト点のように家ごとに異なり、実子にのみ伝授していった。こうした学問の世襲化が書物の広がりを妨げたともいえるだろう。本を読むということは師匠に入門しておこなうことだった。伝授の発想は江戸時代には芸道や武道に伝わり、家元制度とも重なっていく。

しかし、中世も末期になってくると、標準化することで公開が進んだ。とくに訓点の方法は、ヲコト点から現在も使われる一、二点やレ点を使った方法に変わって、一般化した。江戸時代の版本には「読み癖付」と称して商品価値を高めるように秘密を公開した本が出てくる。

古代中世の書物は、書き写されて残った。それは必ずしも印刷に劣るものではない。書き写すことが読書であり、それにより少数とはいえ一定の読者に行き渡ることが可能だった。誰かが音読するのを聞いているのも読書だった。仮名の本を印刷しようとしなかったのは、そういう考えから来ているのではないかとも考えられる。

こうして少ない書物だからこそ大切に保管し、未来の世代に残していく観念が強くなっていった。現代のように大量に生産される書物は、実は大半が廃棄処分されている。個人の蔵書はほとんど一世代で終わってしまう。古書で扱われるのは、新刊で出た本の十分の一、いやそれ以下であろう。そこから「本を大切に」、「活字文化を残しましょう」というお題目だけを掲げても、本質的な本の意味を考えなくては効果はないだろう。

木版印刷の始まり

印刷を担った経師たち

寺社の役割の大きさを知ることのできるもう一つの指標は、中世における書物の印刷を担ってきたことだ。印刷の歴史をひもとくと、日本最古の印刷物として奈良時代の『百万塔陀羅尼経（ひゃくまんとうだらにきょう）』が必ず紹介される。しかし、平安時代に入ってしばらくはその技術を受け継ぐことも、発展させることもなかった。ただ、『源氏物語』の成立と同じ頃の十一世紀初頭の『御堂関白記』に、「大内御願千部法華経摺初」という記事があり、この頃から「摺経（すりきょう）」という存在が確認できる。追善供養や病気平癒祈願に法華経や薬師経などを大量に写経して奉納することはしばしばおこなわれてきたが、それに印刷した経を添えるようになったのである。これは十一世紀末以降しだいに盛んになり、それから供養だけでなく勉学のために寺院による開板（かいはん）がおこなわれるようになった。

奈良の興福寺（こうふくじ）が先鞭（せんべん）をつけた春日版（かすがばん）がそれである。これは木版による印刷で、春日

図8　15世紀の『七十一番職人歌合』に出てくる経師。僧形だが職人である

社に奉納されたところからつけられた名称だといわれている。鎌倉時代からは法相宗（ほっそうしゅう）の教義や『大般若波羅蜜多経（だいはんにゃはらみったきょう）』などの大規模な印刷がおこなわれ、現在でも板木が多数残されている。その後、高野山や東大寺でも印刷開板が盛んになり、こうした寺院版がずっと江戸期まで続いた。

印刷技術や製本技術を支えた職人は、奈良時代の装潢（そうこう）を起源とする経師たち（図8）で、独特のノウハウを持っていた。そのため装訂は、巻子、折本でつくられ、高野版では粘葉装（でっちょうそう）に仕立てることが多かった。巻子や折本は料紙を継紙（つぎがみ）にした装訂である。その場合、ふつう木版で刷るときは一枚の料紙ごとにおこない、刷りあがったものを順番に並べて糊（のり）で継いでいく方法をとる。しかし、中世以来の寺院版では逆で、あらかじめ製本しておいてから刷る「まき摺（ず）り」という工程だった。この違いは糊の

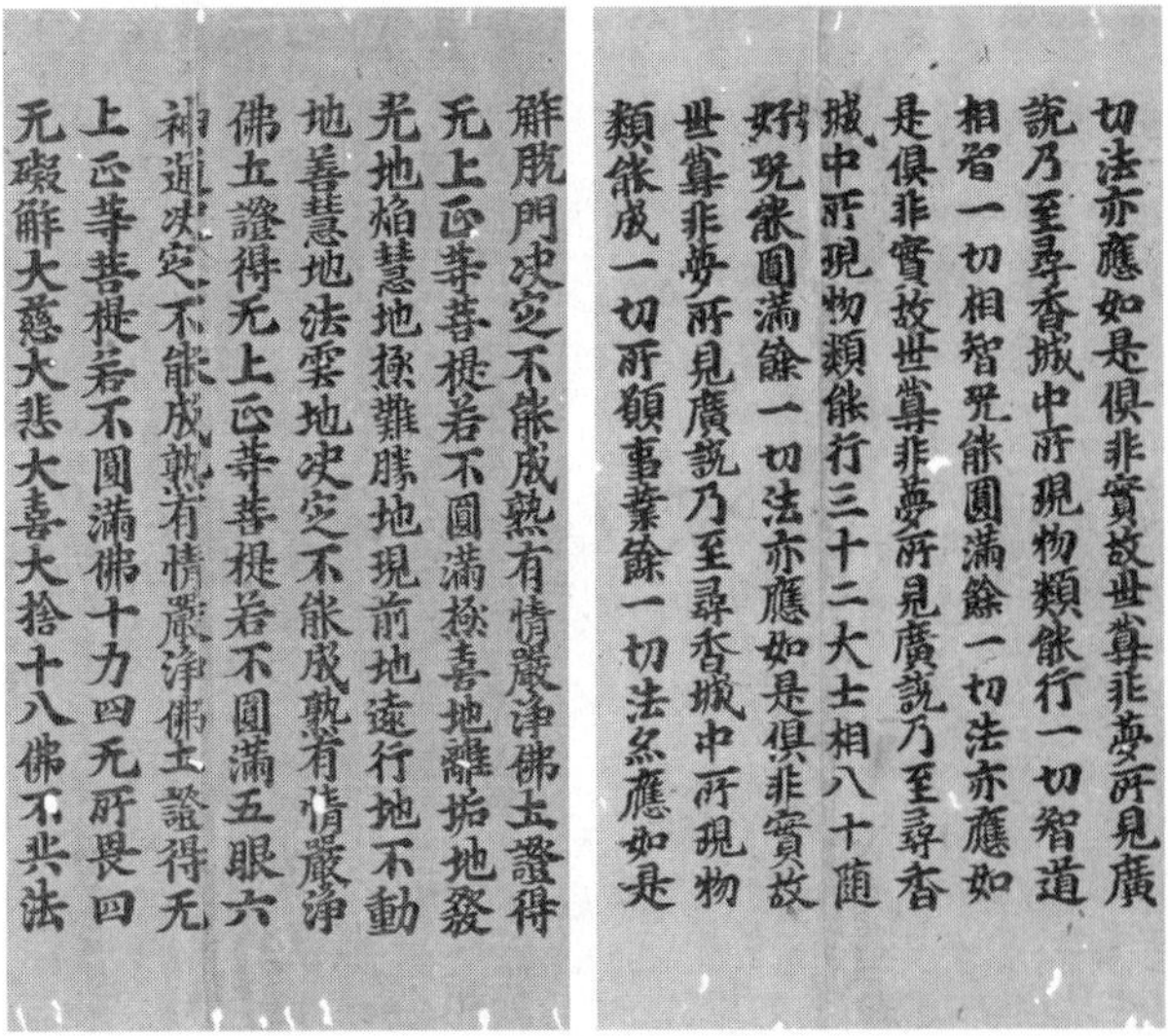
切法亦應如是俱非實故世尊非夢所見廣
説乃至尋香城中所現物類能行一切智道
相智一切相智究能圓滿餘一切法亦應如
是俱非實故世尊非夢所見廣説乃至尋香
城中所現物類能行三十二大士相八十隨
好究能圓滿餘一切法亦應如是俱非實故
世尊非夢所見廣説乃至尋香城中所現物
類能成一切所願事業餘一切法亦應如是

解脱門決定不能成熟有情嚴淨佛土證得
无上正等菩提若不圓滿極喜地離垢地發
光地焔慧地極難勝地現前地遠行地不動
地善慧地法雲地決定不能成熟有情嚴淨
佛土證得无上正等菩提若不圓滿五眼六
神通決定不能成熟有情嚴淨佛土證得无
上正等菩提若不圓滿佛十力四无所畏四
无礙解大慈大悲大喜大捨十八佛不共法

図9　春日版『大般若波羅蜜多経』　左は継ぎ目に文字が載っている箇所。右は載っていないところ

継ぎ目の上に紙をまたいで文字が印刷されていることでわかるのである。図9にある春日版の『大般若波羅蜜多経』巻第三九六で見ると、一枚が約五十センチメートル幅の紙を五、六枚貼り合わせて三メートル程の長い料紙を先に用意しておいて、その上に板木を添えて刷っていく方法らしい。そのため、紙の寸法と板木の寸法が微妙にずれて紙を貼り合わせた箇所に文字が載ってしまうと思われる。この経は全部で十メートルもある巻子なので、この三

メートル程の料紙で三回にわたって刷ってから最終的に一巻に仕立てている。これが奈良時代からの装潢の伝統をもつ経師の独特な装訂法だったと思われる。

このような寺院版は、多くは天台宗や真言宗といった顕密仏教で盛んだった。しかし、十三世紀以後になると京都での浄土教版のように他宗でもおこなわれるようになる。とりわけ宋元代の中国の影響を受けた臨済宗の印刷事業が注目される。

臨済禅は鎌倉政権以来武家の信仰を集め、鎌倉と京都に最高の寺格を示す五山が定められた。その頃、元の板木彫り職人（刻工）が日本に来て中国の木版印刷方法を伝えた。これを支えたのが五山の寺院だったのだ。その技術を用いて、学僧たちの勉学のための仏典や漢籍（中国の著作物）を数多く出版した。現在およそ四百種が知られている。とくに南北朝時代に入って盛んになり、室町時代前半まで続いた。臨済宗寺院では、五山に定められなかった寺院でも刊行事業をおこなっていたが、五山を中心とした出版という意味で学術的に五山版という。

新しい技術というのは、春日版などと同じ木版印刷ではあるが、その彫り方や刷り方、製本方法が異なっていた。

日本にやって来た刻工の数は延べ数十人といい、元末の混乱を嫌って亡命したともいわれている。そこで導入されたのは宋元時代の版式である（図10）。版式というのは、一葉の紙の様式のことである。それまでの春日版など南都諸宗の本の版式は、供

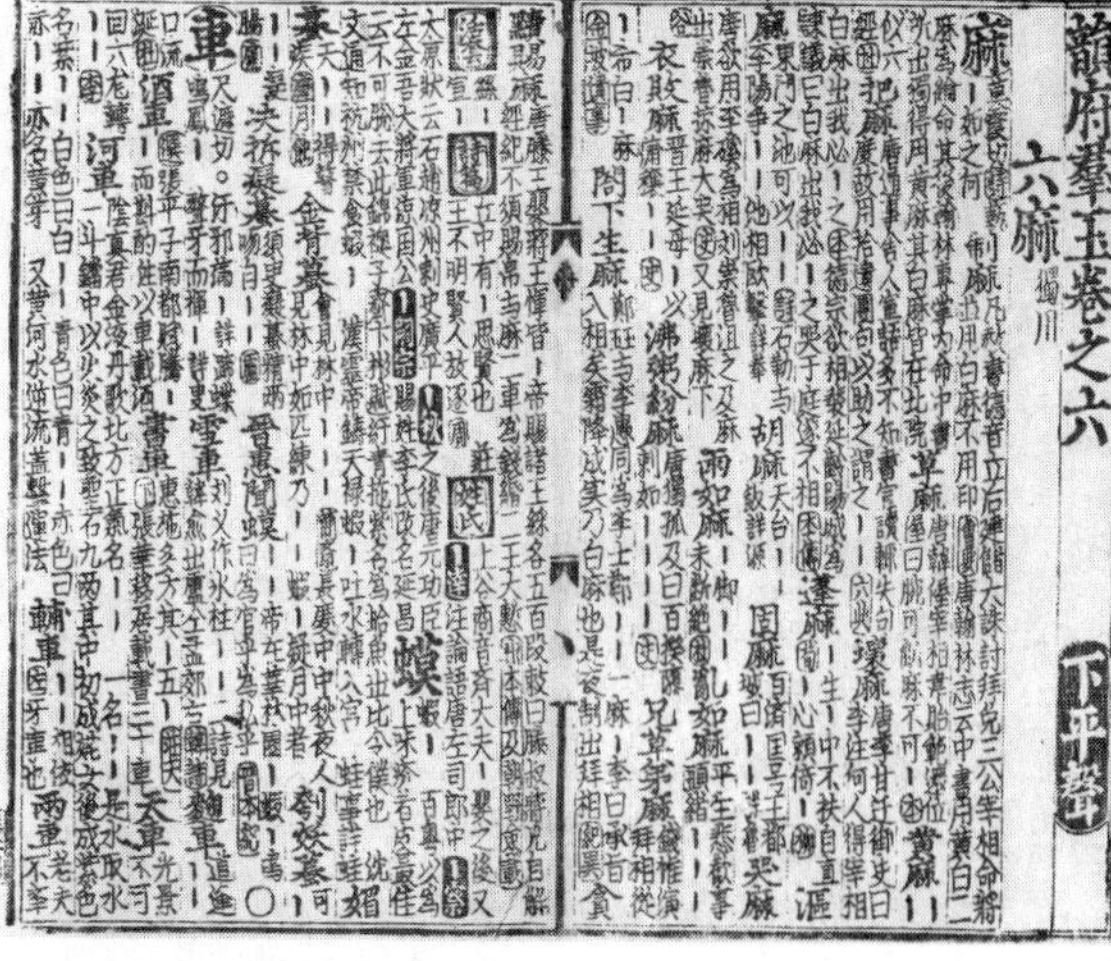
韻府羣玉卷之六
六麻
下平聲

図10　五山版『韻府群玉』　この版式は中国の宋元版に倣っている。これが近世の版本まで基本的に受け継がれる

養のためにつくる摺経を起源としているので、写経の形式をそのまま印刷に踏襲したものだった。それに対して五山版では、匡郭といって文字面の周囲を罫線で囲み、一行ごとに行間に線（界線）を入れ、宋元の方式に倣った。そのほか文字の大きさや太さなど、より読みやすい木版の彫り方が導入された。装訂も継紙（巻子、折本）にするのでなく冊子本にした。以後、日本の出版物はこの様式を標準にするようになり、明治初期まで平仮名本以外の基本の形となった。各巻の巻頭に書名と巻次、著者名が入るのも漢籍の常套的

な様式である。ほかの寺院版が経師の仕事であったのに対して、五山版には異なった技術が見られ、別の種類の職人が担ったと私は思う。

五山版の意義は、専門の仏典だけでなく漢籍も印刷したことにあった。公案といって参禅者に原語による課題を与えて、それを考えることで悟りを開いていく方法をとる臨済宗では、教理を説く書物である内典以外に、中国古典の学問や文学である外典も学んだ。そのため、公案の教科書というべき『無門関』や名僧の語録『碧巌録』などが代表的な内典で数多く刊行されたのはもちろん、宋元代の漢籍も数多く翻刻された。翻刻というのは、元のテキストと同じものをつくることで、とくに版式を含めて同じようにつくることを覆刻という。覆刻も広義の翻刻の一部である。

五山の学僧たちは、自らも漢詩をつくったのでそれらは五山文学ともいわれている。一山一寧や虎関師錬はその中でもトップクラスで、とくに虎関師錬は漢詩をつくるための字典『聚分韻略』を自ら編集したほか、日本仏教史というべき『元亨釈書』、『禅儀外文集』漢詩集『済北集』も著し、五山版で刊行した。これらは日本人が書いて中世の間に出版された数少ない外典である。

室町時代まで続いた五山版も、応仁の乱（一四六七〜七七）を迎え京都の町が疲弊する頃から衰え始める。京都の中が戦場になってしまったうえに、長期間続いたこの戦乱は書物にとっても被害が大きかったのだ。しかし、そのことは地方へ書物文化を広げることになった。しだいに武家や商人へも書物が浸透する。周防の大内氏、薩摩の島津氏による出版、『医書大全』で日本における医学書出版の嚆矢となった堺の阿佐井野氏のこともよく知られている。この拡散が近世の出版事業につながっていく。

古本屋の起源

中世においては、「本を集める」ということは「書写」することだった。元の本を譲り受けるというより多くは借覧してそれから書き写すことで、書物を収集して文庫を形成した。借りる際も、その蔵書のある場所に赴いてそこで書写することが多く、遠方まで貸し出すことはなかなかしなかったと思われる。近世になると、本屋の古本部門の商業活動が盛んになるので、その流通によって古い書物を集めることができるようになるが、中世まではそのような仕組みは十分に整っていなかった。その中で微かだが、本屋に相当する仕事が中世にもあったことが徐々にわかってきた。

藤原行成（九七二〜一〇二七）が筆をとったとされる「白楽天詩巻」（現在、東京国立博物館所蔵）の奥書に、藤原定信（行成から五代目）が書き足した文（識語）が残っている。それによると、「保延六年（一一四〇）十月二十二日の朝、物売りの女が蓬門より入って来て手本二巻（一巻は小野道風の『屏風土代』、一巻はこの本）を売りにきた。一目で価値がわかったので××（値段が消してある）を与えたら女は大いに喜んで帰って行った」という。さらに追記して「件の女は塩小路北あたりにいた在俗の経師の妻である」とも書かれている。

すでに述べたように、経などをつくる仕事をする者を経師といったが、高野山や興福寺などの寺院に付属して仕事をする者のほかに、京都の町中には在俗の経師職人がいて、造本だけでなく本の売買も手がけていたらしいことがわかる。古本屋の史料としてはこれが最古だろう。

高野山では、平安時代から印刷した経典があり、それが経師を通して売られていた。十四世紀初頭の記録に、紙代一帳につきいくら、製本代いくらといった値段が記されている。これは当時の「新本」の値段だが、古本も含めて経師は、本をつくるだけでなく売る仕事もしていたことがこれでもわかる。十六世紀後半の『日葡辞書』に経師屋の項目があり、「経開き、拵え、綴づる家。印刷所または本屋」と記されていて、そのような商売をした本屋が存在していたらしいことがうかがえる。

中国では唐宋の時代に町や寺院周辺に本屋があって、有料で書写を請け負ったり、新古の本を売っていたことがわかっている。空海や最澄らもそこで書物を購入していた。とくに宋代になると商業出版も始まっており、本屋の存在が明確なのだが、日本では容易に史料が見つからない。典籍を金銭で売買することは公然とすべきでないという気遣いがあったのだろう。ただ、金銭で購ったことを示す婉曲な表現で、奥書などに書いてあったりする。「不慮感得」というのがそれで、本を売ることを沽却といい、買うことを感得（思いがけず手に入れる）といったのではないだろうか。実際、金銭で売買したことは多いはずなのだが、表に出てこないのだ。

室町時代になると、本の売買とわかる史料に次のようなものもある。

三条西実隆の日記『実隆公記』文亀三年（一五〇三）九月五日の条に「栄花物語、続世継有沽却本　東山殿御本也」とあって、東山殿すなわち足利義政の旧蔵本が売りに出ていたというのである。そこで実隆が購入して、三条西家の所蔵となった。

また『理趣経愚見』という真言の聖教に根来寺の僧・鏡可房という者が書いた奥書があって、そこに天文十四年（一五四五）八月、「堺之町上人助店」にて買い求めたとある。鎌倉時代から港町として開け、室町時代には明との貿易で栄えた堺は、そこに本屋が店開きしてもおかしくない文化的水準の高い町だった。室町時代後半あたりから京都や堺などに複数の本屋があったといえるだろう。下剋上の戦国時代にはよく系図が売買されたといわれているが、これなども間に入る商人がいたからこそできた行為である。

完成された袋綴の普及

江戸時代の和本で最も一般的な装訂は袋綴である（図11）。中国では線とは糸のことなので糸で綴じる袋綴のことを線装本という。明代の中頃、十六世紀からといわれているが、正確にいつから始まったかは定かでない。というのは、元代から明代初めまでの本は紙縒りを使って下綴はするものの基本的には糊で製本していた。はがれてしまうという欠点があったので、後代にはほとんど線装本に改装してしまう。そのため、古い装訂でできていた本はほとんど残らなかったので、切り替わり時期がわからないのである。

日本にもすぐに伝わり普及したが、事情は同じで、おそらく室町時代初期までの五山版などは中国風の装訂だったと思われるが、後にほとんど袋綴に直されているので、そのままの本が残っていない。

袋綴のよさは、列帖装のような複雑な技能を要しないで製本ができること、糊を使わないので保存にもよかったことである。とくに印刷本のように多くの部数（それでも当時は一回に刷る部数は百部程度だろうが）を綴じるのに向いた製本方法だった。また、年月が経過しても崩れない丈夫さがあった。かりに製本上の傷みが生じても容易に補修ができた。

製本の仕方は、本文料紙を山折りし、順に束ねてそのまま重ねて整える（丁合という）。周囲を大きな包丁で断裁（化粧裁ち）して大きさを揃える。右端の綴じ代部分を二ヶ所、紙縒りできつく締める。これが下綴や中締である。結び目の盛り上がりは小槌(づち)などで叩いて平面にする。この下綴だけで十分に丈夫である。

　これに厚紙などでつくった表紙を表と裏にあてて、おおむね四ヶ所ないしは五ヶ所に穴をあけて糸綴じする。日本では四つ目綴じがほとんどである。上下の角に角裂(かどぎ)れ（包角）をつけて化粧する。これは軽く糊付けするだけなので、ほとんどはとれてしまう。こぎれいに見せる効果と角の傷みを防ぐ目的だろうが、なくなっても何ら問題はない。表紙には、題名を書いた題簽(だいせん)を貼る。これも薄い糊を使う。表紙の裏には、白紙を一枚貼り付ける。これが見返(みかえ)しである。ここに題や発行者名を入れることもあるが、それは江戸時代に入ってからの習慣である。

　紙の周囲を化粧裁ちする作業は素人には難しいが、それ以外は誰にでもできるので、製作するためのコストが大幅に軽減されることになる。また誰にでも修理が可能だったので、メンテナンスの容易さがあった。蔵書を長期間保存するにも適したわけである。単純だが実によく完成された形だった。これは来るべき近世の書物拡大への重要な流れとなった。

　と同時にここで巻子は大幅に減っていく。少なくとも正式な書物＝巻子という考えは終焉(しゅうえん)を迎える。公卿の日記も袋綴本に書かれ、書写して次世代に残すさいにも、これまで巻子で保管されてきたものでも袋綴にする。また粘葉装のように糊だけで綴じた本も密教系の聖教(しょうぎょう)などでは依然として見られたが、全体としては激減する。それほ

図11　袋綴

ど便利な装訂だったのだ。

しかし、その後近世にいたるまで袋綴以外の製本がなくなってしまうわけではない。列帖装は歌集や古い物語、奈良絵本などの上等な写本には用いられた。鳥の子紙のよい雁皮紙を料紙に使い、優雅なつくりにして上流の顧客に限定的に提供したのだ。折本は引き続き経典に残るが、江戸時代には「石刻本」といって書道の手本、拓本によく使われた。現在もその伝統をよく残している。巻子は上流向けの絵巻物が引き続きよくつくられたほか、手紙は巻紙に書くのが習慣だった。最もよく残ったのは兵法・芸事・神事などの伝授だった。小ぶりな縦二十センチメートル未満の巻物を用いたいわゆる免許皆伝である。巻子が中を読むのに面倒な点を逆用して、「他見無用」の秘伝に利用したのだ。そもそも、古写経から発展した形だけに、巻物や折本には霊的な力がこめられているという発想があった。忍者が巻物を口にくわえて手を組んで呪文を唱えると術がかかるという絵がよくあるが、これは巻物に呪力があると信じられてきたからだろう。

さまざまな装訂があったが、袋綴の出現はそうしたバリエーションを一定の分野に限定、収斂させることになったのだ。それが四百年ほどの間一貫していた。江戸時代の和本は九十パーセントがこの装訂である。書物の形は、ただ進歩するのでなく、つねにその時代のジャンルや用途にあった装訂が採用されてきた。外形に左右されない「内容」で価値を示す本もあれば、形にこそ意味があるものもある。

第三章　売れる本づくり

古活字版で広がる読者層

活字印刷の登場

現代の出版社で本を出す場合、どうしても一定の収益をあげなければ会社自体の存続が危うくなるので、「売れる」ことが商業出版に求められる必要条件といえよう。「売れる本」というと語弊があるなら、収益があがる本をつくるために、企画を練り、工夫をこらしていく努力をしていかなければならない。日本で、このように考える商業出版が生まれたのは近世初期のことである。

いつまでが中世で、いつからが近世なのかについて、歴史学では諸説ある。そのいずれであれ書物の歴史から見たときは、年号で文禄・慶長（一五九二〜一六一五）頃を近世の始まりと考えるのが、もっとも整合性をもつ。中世から近世への転換は秀吉による朝鮮出兵、いわゆる文禄・慶長の役のときにおこった。

この戦役の結果、いくつかの文物が日本にもたらされた。焼物では薩摩焼や伊万里焼が知られているが、多くの書物が伝わったことは案外知られていない。当時の朝鮮では李朝による統治が十四世紀以来続いていて、中国の儒学、とくに朱子学を基本にすえた文教政策をとっていた。十六世紀には李退渓などのすぐれた学者も輩出し、多くの漢籍が出版されていた。その書物が数多く日本にもたらされた。

朝鮮では高麗時代から印刷がおこなわれていた。現在も慶州の海印寺に保存されている『大蔵経』の板木八万枚はよく知られている。十四世紀には早くも銅活字による印刷が導入されていた。この活字印刷の技術が日本に入ってきたのだ。

この印刷方法の導入こそが、わが国の書物史に大きな変革をもたらす契機となった。その意義はたんに技術的な進歩をとげたことにあるのでなく、それに伴う書物観の変化にあったのである。

活字印刷の源は中国である。唐代（六一八〜九〇七）には、陶器を使った活字印刷が試みられたことが文献から想定されている。やがて鋳型に一字ずつ文字を彫り、青銅を流す銅活字が宋代（九六〇〜一二七九）には考え出されていたことが、元の王禎が書いた『農書』に載っており、その印刷方法も示されている。しかし、それで刷った実物は残存していない。それが高麗に伝わり、もともと金属を象嵌する技術にたけていたことと相まって実用化が進んだ。次の李朝もこれを受け継ぎ、美麗な仕上がりの銅活字印刷がおこなわれるようになっていた。

グーテンベルクが鋳造活字を用いた印刷法をあみだしたのが十五世紀半ばだから、

それよりずっと早くに活字印刷技術は中国・朝鮮で実用化されていたのだ。しかし、中国ではそれ以上の普及はしなかった。少なくとも元より古い活字本が残っていない。宋や元時代の出版物（宋元版）は木版印刷が中心だった。この方法でも顔真卿や欧陽脩風の楷書の書体で下書きをしたので（これを板下という）美しい印刷ができた。そのため技術的に未熟な活字印刷は敬遠されたのだ。

宋元版では文章校訂が深まり、よいテキストが提供されたので周辺諸国に対して影響力が大きかった。日本では中世の間の出版物はもっぱら木版印刷によって寺院とその周辺でつくられたこともあって、活字印刷は導入されなかった。

それが文禄二年（一五九三）、朝鮮渡来の銅活字一式が秀吉から後陽成天皇に献上されたことから時代は一変する。これを利用して朝廷で印刷刊行した本を勅版、そこから堂上家へ広がり、さらに豊臣秀頼のもとでつくられた秀頼版などができた。徳川家康も「活字人間」でよく本を出した。それらを作成した場所にちなんで伏見版、駿河版などという。

それ以降、寺院も次々と活字版を出し始める。文禄四年には京都の日蓮宗寺院・本国寺（現・本圀寺）から『法華玄義』が刊行され、要法寺、誓願寺、本能寺でも刊行された。江戸でも寛永寺で天海による『一切経』が出された。こうした寺院では、活字版だけでなく従来型の木版の印刷も盛んにおこなわれていた。ただ、中世まで印刷出版の牙城ともいえた禅宗寺院は、この時期には相対的に振るわなくなる。

明治期から始まる鉛活字の活版印刷や、江戸時代の後期に一部で流行った木活字版印刷と区別するために、これを古活字版という。一字ずつ印字するので、当時は「一字版」とも呼ばれた。植字版ということもある。それに対して、従来の頁大で木版を彫る方式を「整版」といって区別した。最も多いジャンルは仏教書、つづいて漢籍、医学書であり、二百種ほどの古活字版が知られている。

そこから公家や大名、寺院からしだいに民間人の手で出版がおこなわれるようになるのに、そう時間はかからなかった。次に述べる本阿弥光悦を中心とした平仮名文学の美麗な民間による活字印刷が出る慶長十三年（一六〇八）まで、活字導入から十五年ほどしか経っていない。寛永以降（一六二四〜四四）になると、後に江戸期に本屋として活躍する店の手に移っていく。その中間の元和頃（一六一五〜二四）までの民間の刊行者は、まだ業者というよりスポンサー的な存在だった。直江兼続が出した『文選』のように実際の製作は京都の要法寺でおこないながら、直江の意思と援助で成ったといわれているのもそうした流れの一齣である。後に『太閤記』を書いたことで知られる小瀬甫庵がいくつかの医学書を出しているのも同様である。

もうひとつの流れがあった。キリスト教を布教したイエズス会がおこなった活字印刷、いわゆるキリシタン版である。十六世紀末に天正遣欧使節がヨーロッパから将来した印刷機でキリスト教の入門書やラテン語の辞書をつくったほか、イソップ物語や平家物語などの文学書も刊行した。しかし、秀吉の伴天連追放令など禁教への動きが強くなったことなどから活動は長崎や天草などに限られたため、キリシタン版は全国に普及することがなかった。今日残存するのはごく稀で、古活字版に見られたような次の時代への直接的な影響力は小さかった。ただ、次に述べる光悦らによる嵯峨本の活字印刷にはその技術が使われたという指摘がある。また、宣教師たちが出版の意義を認めたのは、日本人が文字によって思考する基盤が強かったことを見抜いたからである。このことは書物観を探るうえで念頭に置いておきたい。

優雅な嵯峨本

古活字版の最大の意義は、中世まで印刷されたことのなかった平仮名交じり文（仮名書き）が出版されるようになったことである。

同じ仏教書でも、平明な解義を加えたものがしだいに出版されるようになった。たとえば『夢中問答』は、漢字片仮名交じり文の入門書である。また、慶長八年（一六〇三）の『太平記』、翌年の『徒然草抄』のように中世の読み物が早くも刊行された。まだ片仮名交じりの文で、漢文を訓読したものか、後者のように片仮名交じりの注釈書である。それでも画期的だった。仏書や漢籍以外が印刷されるだけでも大きな転換だったのだ。

さらに、純粋に平仮名による古典文学書を古活字版で印刷した嚆矢は、慶長十三年の『伊勢物語』である。この本の特徴は、美しい活字で印刷されたことのほかに木版の挿絵が入ったことだった。一般的に嵯峨本『伊勢物語』といわれているもので、京都の嵯峨野に居た角倉素庵がスポンサーとなったのでこの名がついた。素庵の父は水運開発事業をしてきた豪商・角倉了以である。本書は、素庵と書の師匠でもある本阿弥光悦の協力で活字の書体を書き、『源氏物語』の注釈である『岷江入楚』を著した中院通勝が校訂をした。表面は胡粉を載せる具引きの色替わり料紙というぜいたくなつくりで、これに木版で彫った四十九枚の挿絵が入る。その図柄は、室町時代以来の絵巻物や絵入本の系統を引くものである。その後江戸時代には百種類以上の『伊勢物語』が出版されたが、そのほとんどは絵入りで、その基本の型をつくったのだった。仮名書き古典文学の印刷化は、〈雅〉な文学の伝統を江戸時代にもつなげていく役割を果たしたといえる。

仮名書きというものは、第一章でも述べたように草書なので連綿体で、一字ずつ独立して書くのではなく文節ごとにつなげて書くものだった。嵯峨本はこの古来の書き方を活字に表現した（図12）。しかもその美しさを保ちながら品格のある書体を実現したのである。したがって仮名交じり文を活字で表現するさいには、仮名の文字数だ

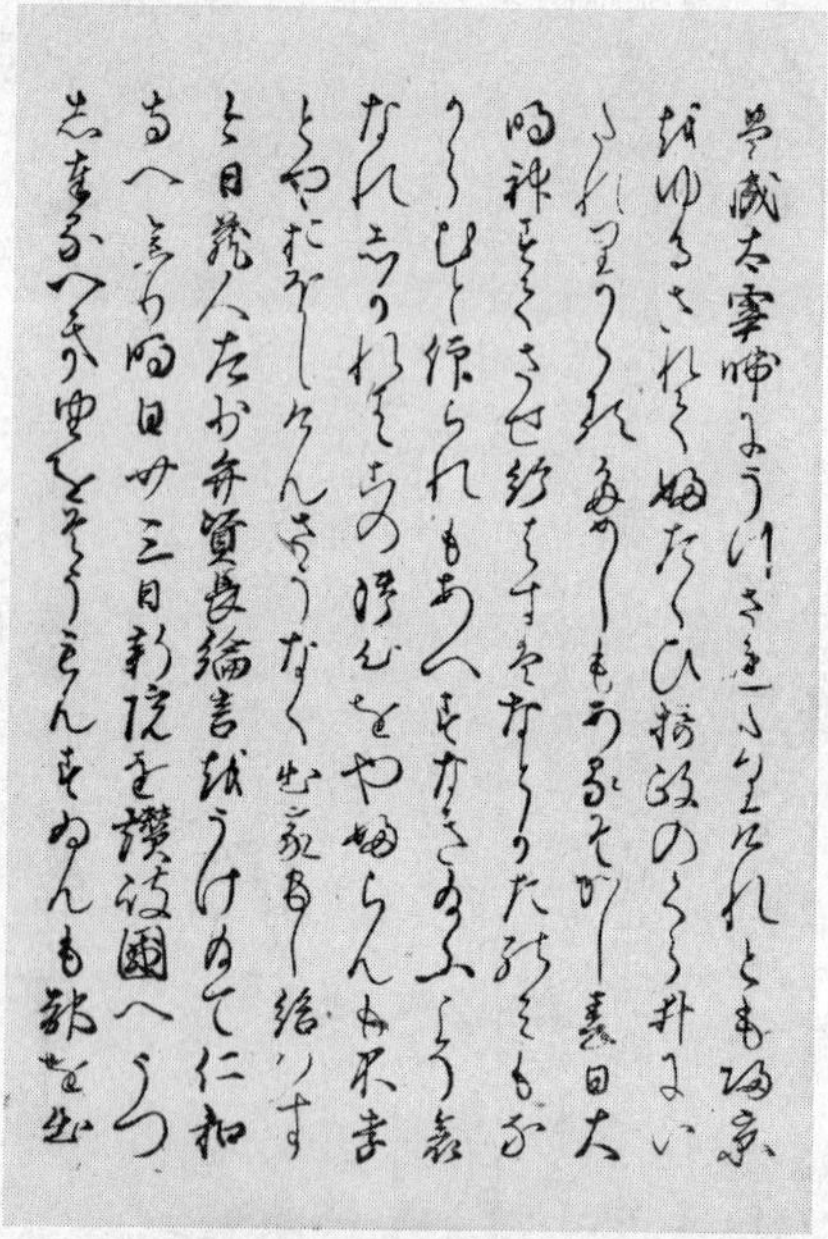

平氏太宰[illegible]うけ[illegible]れとも[illegible]
[illegible]さ[illegible]たくひ[illegible]の[illegible]まい
[illegible]もあるそ[illegible]日大
[illegible]
[illegible]もあへ[illegible]
なれ[illegible]をや[illegible]らん[illegible]
[illegible]なく[illegible]給ります
七日流人左少弁資長[illegible]うけ[illegible]て仁和
寺へまいり同日廿三日新院を讃岐國へうつ
したてまつるへき[illegible]そうもんせらるも[illegible]

図 12　古活字版『平治物語』　これが活字で表現した平仮名の連綿体である

け活字の種類を揃えておけばよいというわけにはいかない。漢字も一字ずつではなかった。いくつもの組み合わせを用意しておかなければならない。

　嵯峨本を見ていたら、二十六文字の大文字・小文字、それに記号類を加えただけで用が足りたヨーロッパの活字印刷とはまったく別の世界だということがわかるだろう。

　この連綿活字である光悦風書体を用いた本としてはそのほかに、『源氏小鏡』『方丈記』『徒然草』などができ、さらに観世流の謡曲本百冊ができた。通称「光悦謡本」と称されるもので、料紙に俵屋宗達が描いた具引雲母模様を用い、厚様の雁皮紙の両面刷りで列帖装とした豪華な特製本がある。並装は料紙の質を落とした。平安の書物そのものの形ではないが、嵯峨本をつくった人たちの考えた平安への憧れが表現されたものだった。

古活字版から整版へ

　活字版の一回の刷り部数は百程度といわれている。勅版とか秀頼版、駿河版などは、ごく上層の人びとに配る程度だったのでこれで足りた。しかし、日本の近世初期の読者はそうした一部の上層知識人だけではなく、中級の武士や町衆にも広がりつつあったので百部では足りない。とくに嵯峨本『伊勢物語』は人気があった。当初は配り物として製作されたらしいが、求める者が多いため慶長十三年（一六〇八）のうちだけでも数回組み替えをして再版した。これを異植字版という。
といって飛ぶように売れるのでなく、時間をかけて少しずつ売れていくので、初めから初版部数を二、三百部と多めに設定することもなかなかできない。好評なときに活字を組み直して百部単位くらいずつ再版する方法で対応したのだ。

古活字版は、活字を見開き二頁分の大きさの木枠に植えつけるようにはめ込み（組むという）、周囲をきつくしばって一丁分が組みあがったところで墨をつけて紙を置いてバレンで刷る。刷り方は木版本と同じである。違う点は、一度組んだ活字は刷り終わったら次のためにばらしてしまうことだ。再版する場合は、もう一度初めからすべて組み直しとなるのである。この方法では、活字を組むときにまったく同じ手間をもう一度かけるので生産性が著しく低いうえ、間違い字などの誤植が生じる可能性もある。

近代以降の活版印刷でも、組んだ活字をそのまま残しておくことはしなかった。活字面に厚い紙を流し高温高圧で型にとった紙型で保管した。これだと軽いので置き場所に苦労することもない。たいていは印刷屋が持っていて、出版社から依頼があって増刷するときは、この型紙に溶かした鉛を流して印刷用の原版をつくった。それでもコンピュータ時代の印刷に比べると面倒なことだったが、まして四百年前にはこのノウハウすらなかった。

『伊勢物語』のように従来の数をはるかに超えた新しい読者層が開拓されると、活字での対応では無理だった。これに対して、従来の木版による印刷である整版なら五千部まで対応できる。奈良の興福寺には鎌倉時代の春日版の板木が残されているように、大事に保管すれば数百年もつ。これなら一回の発行部数は百部程度でも、紙を用意して刷り師などの職人を手配すればいつでも増刷ができる。増刷のたびに校正する必要はない。ロングセラーに対応できたのは整版のほうだったのである。

何度版を改めてもまだ注文の途絶えなかった『伊勢物語』は、結局、木版に彫り直して再板し、需要に応えた。そこが活字印刷の限界だった。

これは日本以上に活字版が盛んだった朝鮮でも同じことで、十七世紀後半以降の刊行物は大半が整版になった。中国でも活字印刷をとくに進めた形跡が見られない。清朝になって乾隆皇帝時代に（一七三五～九五）「聚珍版」という名で活字本の叢書を印刷したが、ごく限られたものだった。

そのほか活字の仕上がりにばらつきがあり、組んだ活字をしっかり押さえておく方法も不十分で、印刷面に文字の微妙な曲がりが出たり、不揃いな高さからくる文字の濃淡といった問題があった。整版に比べて印刷品質に劣っていたのである。結局、活字版はそれ以上広がらなかった。すべて整版による印刷に戻った。

せっかく日本にも活字印刷の技術が伝わったのに、なぜやめてしまったのか？　たしかに二十六文字の組み合わせだけで足りるヨーロッパでは、活字印刷が有効だった。しかし、数千文字必要な東洋の文章では、活字は向いていなかった。コストがかかること、以上述べたように技術面の問題、そして新たに呼び起こした需要に応えることができなかったことに原因がある。しかし、古活字版の出現は整版という木版印刷のよさを再認識させる働きをした。たとえ技術としては旧来の方法ではあっても、そこに大量部数発行の可能性を示したことで、商業印刷の道を拓(ひら)いたのだ。読者層を増大させ、そこに必要な書物を供給するという点で、ヨーロッパの活字出版に劣らない体制がつくられた。

商業出版の始まり

町衆の成長と本屋への進出

古活字版の影響は、出版企画の意義を高めたことでもあった。書物需要という読書の新たな動静を喚起したことで、出版を事業として成り立たせることにつながった。

一六二四年から二十年続く寛永期は書物にとって転換点となった。近世の初期に発行された版本（はんぽん）（印刷された本）の一覧が『江戸時代初期出版年表』として刊行されている。現在の本の奥付に相当する出版事項を記した欄として、江戸期の版本にも刊行年月と、誰が刊行したかを記す刊記がある。その近世初期の刊記を調べて作成された目録である。それを見ると、とくに寛永期の変化が手に取るようにわかる。ひとつはセンセーショナルなデビューをした古活字版がこの期間の半ばにピークを過ぎてしまい、かわって整版による出版物が増大するのである。もうひとつは、発刊者の名に本屋の名が記されるようになることだ。明らかな商業出版が開始されたのだ。それ以前の慶長・元和年間にもそれらしい名が見えないわけではないが、事実上、出版を家業とする店が出てくるのは寛永期からなのである。

たとえば、慶長十三年（一六〇八）の嵯峨本『伊勢物語』を出した角倉素庵は商人には違いないが、本業は水運開発事業者であって本阿弥光悦らの仕事を助けただけの関係である。そもそも嵯峨本は配り物にしたようで、はたして有料で売られたものかどうか確認できない。本屋というのは、出版することを必要条件とはしないが、本を売買することを生業とした商人のことなので、これでは本屋の定義に合わないのである。京都や高野山のような大きな寺院では、中世の早い時期から本を売る商売をした人がいたらしいことがわかっており、出版にこだわらなければ本屋そのものは古くから存在していた。

しかし、質的に転換する時期がきた。京都での近世社会の到来は、町衆の成長にあった。室町時代の後半から台頭した町衆が、古活字版の発刊を契機として書物にもかかわるようになった。古活字版は嵯峨本などを除いて大半は町衆自身が刊行したものではないが、これによって印刷本の可能性が発見されたので、商業としての出版に進出する契機になったのだ。

町衆には日蓮宗が多かったといわれている。実は古活字版をはじめとする近世初期の出版には、日蓮宗と浄土真宗系統の寺院が多く携わった。本能寺（寺町御池下ル）・要法寺（寺町二条）・誓願寺（寺町通から東に入った所にある）などである。これらの寺院は豊臣秀吉によって現在の寺町通周辺に移された。そのときに寺だけでなく、それに付属する職人も移り住み、寺院周辺に出版に関するノウハウが集まった。寺院そのものの出版事業は経典や信仰の入門書などの内典に偏らざるをえないが、外典の刊行には近辺の町衆が出資するようになる。江戸期の出版本屋が寺町通とそこから遠くない一帯に多いのはそのためである。現在でも古書を扱う店は、京都大学のある百万遍周辺を別にするとこのあたりに多い。

より読みやすく、おもしろく

商業出版という新しい時代の到来に、従来型の木版による整版印刷がよく適合したことにはさらなる意味があった。活字が整版に戻ってしまったことがけっして技術的な退化ではないことを示す、もっと大きな要因があったのだ。それは、活字版でも試みられたがうまくいかなかった細かいところの印刷だ。

嵯峨本で入れられた挿絵が、その頁だけ木版印刷だったことでもわかるように、絵は活字にできなかった。正確にいうと仏様の図を捺(お)してつくった印仏とか、『寛永行幸記(ぎょうこうき)』のように、大勢の人を描くために一人の絵を活字にし、それを判子のように捺してつくった作品もないではないが、基本的に絵は、木版に彫ったほうがよく描ける。

もうひとつは、訓点や句読点、振り仮名である。中世までは、漢文を読むための訓点は直接本に書き入れることで対応した。原文は漢字ばかり（白文という）で、読む人が訓点を記入していたのだった。漢文の訓点を活字で入れた本（付訓本）もごく一部には出たが、基本的には古活字版でも訓点は印刷されなかった。句読点もあらかじめ印刷することは中世まではなかった。写本にもそのような習慣がなかった。いずれも後の読者が文や句の切れ目に手書きで書き入れた。

　商業的に出版物が収益の対象になると、部数の拡大がはかられる。書物の広がりがこの読者数の増大と正比例することはいうまでもないことである。訓点なしに漢文が読める者の人数はたかが知れている。訓点がついた本で読むような入門者にも読者層が広がったからこそ増えたのである。とくに教育体制の整っていた寺院でなく、戦国の世から平和な時代がやってきて文物に目を向け始めてきた武士たちの取り込みが、出版部数の帰趨を制することになった。それは町衆の子弟にも及ぶ。まだ、一般庶民というわけにはいかないが、相当な広がりになる。

　そのために出版物は読みやすくする必要があった。それで初めから訓点や振り仮名を入れて印刷することが当たり前になったのである。また、出版物の分野もそうした新たな読者層に向けて、文字を調べるための辞書、教育のための教科書や参考書の類が増えてきた。教養面でもたとえば『徒然草』や『方丈記』といった中世の随筆が発行され、受け入れられていった。とくに中世にはほとんど顧みられなかった『徒然草』は、江戸期を通じて人気があった本屋の稼ぎ頭で、挿絵を工夫するだけでなく、いろいろな注釈書をいくつも出した。むしろ『徒然草』は「近世文学」であるという人もいるほどである。

このように、読者層の拡大はたんに数が増えるだけでなく、読者の側の嗜好（しこう）も変わってくるということを念頭に置いて考えるべきである。

さらに、本をおもしろくする工夫もなされた。従来の古典作品の多くがここで印刷発行されるようになるのだが、基本的に挿絵を入れることで、ただ読むことが目的なのでなく、情景を心に刻み込ませる手法で読者層を引き込むべく各本屋が競争をした。挿絵は後世の仮託だから原作者の意図とは必ずしも一致しないが、それがかえって新しい読者の獲得につながったのだ。

そして、ようやく書き下ろしの文芸が誕生する。中世の文芸はお伽草子（とぎぞうし）に代表されるように、印刷されて読まれるのでなく、語り物として芸能者の手で演劇的に普及するか、ごく一部の者のために絵入りの豪華本を手書きでつくることでしか普及しなかった。それが初めから商業的に出版物にすることを目的とした作品として登場するのだ。しかも仮名で書くことで読者の敷居を低くした。これらを総称して「仮名草子（かなぞうし）」というが、この出現は日本出版史上特筆されるべき出来事だと私は思う。このあと浮世草子、あるいは近世後期の大衆本へとつながっていくが、その先鞭をつけた意味は大きいのである。出版を学問や実用性のためだけでなく、娯楽として、つまりエンターテインメントにしたのは、この仮名草子と浄瑠璃の台本を本にした「正本」ともに評価すべきであろう。詳しくはまた第五章で述べることになる。

書籍目録ができる

こうして、商業出版が軌道に乗ると、京都では続々と本屋が増大していった。正確な統計がないのでおよそだが、十七世紀末で百軒程度になっていた。享保年間（一七一六～三六）には二百軒を超したといわれる。そこから多様な本が刊行された。そのうえ、本屋の資産は板木の財産によって寿命の長い本として扱われていくので、次々と累積されていく。

その様子が、『書籍目録』という在庫本の目録からうかがうことができる。現在知られている最も古い目録は万治年間（一六五八～六一）からあったとされるが、次の寛文年間（一六六一～七三）に充実する。個々の店の目録でなく、事実上、京都全体の出版目録である。この『書籍目録』はあえて〈しょじゃくもくろく〉と読む。鎌倉時代の『本朝書籍目録』以来の伝統である。ここでいう書籍とは、物之本のことを指しており、本屋が出したものだ。

たとえば寛文十一年に出た『新板増補書籍目録』（図13）の特徴は、天台宗から始

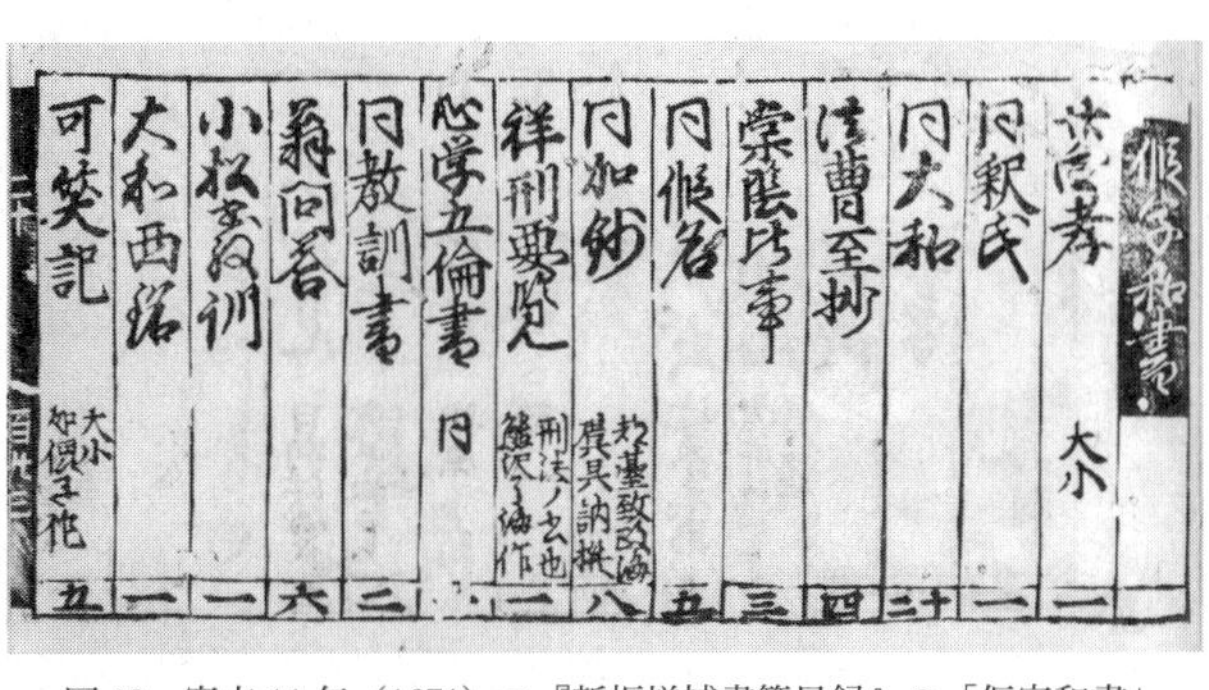

図 13　寛文 11 年（1671）の『新板増補書籍目録』の「仮字和書」

まる諸宗の仏教書、儒書、神道・暦、兵法、医書、和歌、仮名和書というふうに分類順に並ぶようになっていることだ。

天和（てんな）元年版（一六八一）の『新増書籍目録』になると、書名の読みをいろは順に並べ、それぞれの中を「儒書・医書・仮名・仏書」の四分類にするつくりになる。この本の刊語に「慶長より延宝まで刊行された六千余点を余さず掲載した」とある。

当時の刊行物がおよそ六千点に及んだことがわかる。諸宗の「仏書」が圧倒的に多い。僧侶から武士・町衆へと読者層が広がったとはいえ、まだ中世から僧侶たちが築いた仏教書の厚みは、そう簡単に崩れなかった。次に多い「儒書」というのは、儒学にかんする書物という意味だが、よく見ると漢籍ばかりでなく、日本人の述作である国書も入っている。『壒嚢鈔（あいのうしょう）』、『東鑑（あずまかがみ）』（『吾妻鏡』）、

『有馬温泉記』も載っている。ようするに漢文で書かれている書物という意味である。神道・暦・兵法書といえども漢文で書かれていればここに入る。片仮名交じりの文もこちらである。「医書」は多く漢文で書かれていたが、独立した分野として意識されていた。数はそう多くない。そして「仮名（仮字）」とあるのが、平安の物語から、和歌連歌・歌論そして仮名書きの物語類である。お伽草子や仮名草子はここに入っている。このような分類がこの時期の書物の実際のあり方だったのだ。

この書籍目録のうち天和元年版には価格が入った。当時の小売値段である。元禄十一年版（一六九八）は、価格に加えてさらに刊行した本屋の名前も入るようになった。これは当時の出版物を俯瞰するよい材料になる。

大坂の本屋事情

商業印刷が始まって元禄を迎えるまでの数十年の間は、本屋といえば京都と決まっていた。十七世紀の末になるとようやく大坂でも出版が始まり、西鶴の登場でむしろ京都を圧する勢いとなったが、それまでは「文化の中心」が歴史的に京都にあったこともあって、書物に関するすべては他の都市にまさっていた。だから、『書籍目録』は、おおむね京都で売っていた新刊目録である。その元禄十一年版で見ても、大坂や江戸の本はごくわずかしか載っていないのである。ほんの数パーセントだ。それは大坂の本屋事情に原因があった。

和泉と摂津の国の境界にあった町、堺は、中世以来対明貿易・南蛮貿易で栄えていた。商人による自治都市を形成し、連歌や茶道も盛んだった。しかし、徳川施政下に入って衰えてしまった。かわって商業の要となったのが大坂だった。江戸幕府の直轄地として運河や河川の大規模な修復で町がつくられ、堺などから集められた商人や各藩の蔵屋敷ができた。「天下の台所」といわれるだけあって、米はもちろん全国の物産が集まり、近世の間中、流通や金融の中心地であり続けた。

十七世紀初頭には二十万人、そして百年後には四十万人の人口をかかえるにいたったが、大坂城や諸藩の屋敷があっても、その大半は町人である。したがって、書物も彼らが担い手だった。

寛永期の屛風絵「大坂市街淀川堤図」の中に本が山積みされた本屋の様子が描かれている。これから見て大坂の陣以後、町として復興されて間もない時期に本屋が誕生したと思われる。延宝七年（一六七九）に出た地誌『難波雀』には「本屋　高麗橋一丁目　同古本　真斎はしすじ」とあって、本屋が高麗橋あたりにでき、心斎橋筋に「古本屋」があったことを記している。

元禄十年（一六九七）の『日本国花万葉記』になると、摂津国の巻に「書林物之本屋　古本」という項目があり、三十軒の名前が載っていて、物之本屋は古本も同時に扱うことが明記されている。

このように本屋そのものの存在は大坂が町として復興したときからあったのだが、出版の開始が京都はもちろん江戸よりも大幅に遅れた。一六七〇年代の寛文年間までほとんど出版のおこなわれた形跡のないことがはっきりしている。

この理由について以前からいわれていたのは、慶安二年（一六四九）に大坂の西村伝兵衛が往来物『古状揃』を刊行したが、その中に「大坂進状・同返状」という徳川家康と豊臣秀頼の往復書状を載せたことが忌諱に触れて、絶板のうえ斬首されたからであるということだった。この事件の史料的な根拠は薄く確かなことはわからないが、旧豊臣家のお膝元での出版は、反徳川の危険思想がはびこりやすいという政治的理由によって規制されていたのではないかと推測されている。

大坂での出版が軌道に乗るのは、ようやく寛文の末年からで、最初の刊行物としていくつか候補があげられているが、西鶴の『生玉万句』（寛文十三年刊）あたりが確実視されている。以後、ようやく西鶴本や各種の実用的な便利本である「重宝記」が登場して盛んになっていく。古い案内記に「古本」ととくに記してあるように、それまでの本屋は、主な業務を出版に求めるのでなく、京都版の販売や古本を扱うことで成り立っていたのだ。

学術書や仏教書の色合いが強い京都の出版物に比べて、大坂の本は町人の気楽な読み物に力点が置かれた。十七世紀末の貞享・元禄期にかけて出された西鶴の本は、「現代風俗小説」の様相を深めたし、芭蕉が蒔いた種も芽を出し始め、俳諧の大衆化が進んだ。

深刻化する重板・類板問題

大坂で出版が開始されて二十年以上経過した元禄期、書き下ろしの作品が出版されるようになって新たな問題が深刻さを増した。仮名の文学に限らず、仏教や漢籍の注釈など、せっかく新しい著作者が生まれてきたが、それを他店が勝手にそっくり真似をする海賊版や、一部手直ししただけの似たような本をつくる事態が頻繁におきるようになったのだ。

内容をそっくり真似て海賊版をつくる行為を重板、一部を模倣したり、外題を替えたりするなどの紛らわしい行為を類板といい、それはオリジナルの元板を持っていた本屋の出版権を侵すと考えられていた。版権を持っている店が自分の本の板木を彫り直して再び発行することは再板といい、それは合法的だった。したがって重板と再板は大変な違いである（現代の出版社はそれを無視して同じ意味に扱っている）。これには京・大坂の本屋たちが難儀していた。死活問題である。

その対策としてまず元禄十一年（一六九八）、案内記にも出てくる大坂の本屋たち二十四名が大坂町奉行に重板・類板を停止する禁令の発布を請願した。これは京都でもなされており、双方で連携をとったものと思われる。その結果、願いは容れられて同年末に大坂と京都町奉行から重板・類板を停止する旨の御触書が出た。これで、不正をした者を内部的な制裁だけでなく、奉行所での処罰の対象とさせることが可能になった。同時に、町奉行の内意を得て、本屋が同業者団体としての「講」を結成した。二十四軒を六組に分け、そこから行司を選任したのである。行司というのは内部で互選される役員のことで、代表者として内部を取り仕切るほか、奉行所やその実施機構である町役人（大坂では惣年寄という）との調整役を担った。講はふつう親しい者同士で組む信仰と親睦の団体のようなものだが、ここでは事実上、同業者集団であり、後に本屋仲間と呼ばれるようになった組織と同義だった。同時期、京都でも同じように講が認められ、こちらは代表者を行事と呼んだ。京都は近世初期から多くの本屋があり、上中下三組の非公式な講組が組織されていた。その三組が合同して行事を決めたのである。京都では書林仲間ともいった。

これは注目すべき事項で、重板・類板問題は町奉行を巻き込むほどの組織的対応が求められる切実なことだったのだ。幕府は基本的に徒党を組むような株仲間を結成することは禁止する政策をとってきた。それを転換してむしろ積極的に仲間組織を結成するようにしたのは、享保年間（一七一六～三六）になってからである。八代将軍吉宗のいわゆる享保の改革によってである。商工業者を制御することで経済政策を有効に働かせようとしたのである。大坂では享保八年に仲間が公認されていたが、それより二十五年前に大坂と京都では事実上の本屋仲間ができたことになる。

実際に重板・類板問題で町奉行の裁配を受ける事件はそう多くなく、ほとんどは本屋仲間内部の調整で解決してきた。それでも決着がつかないで奉行所へ持ち込まれた例としては、宝永七年（一七一〇）京都の永原屋孫兵衛が出した『辨疑書目録』が従来からある『書籍目録』の類板ではないかという異議申し立て事件だった。この本は永原屋主人である中村富平自身が本の知識のために作成した参考書のようなものである。古来紛らわしい本、たとえば『五経』と『碁経』といった同音書名の違いや、『枕草子』はもともと確定的な書名ではないので、江戸時代の版本では『清少納言』という題名にすることが多かったなどの事例をたくさんあげた本だった。古書を扱う者のために書いた知識の書であって新刊書の販売目録である『書籍目録』とはまったく違うのだが、従来の本屋側から強硬な抗議が出てしまった。それを仲間の行事は解決できなかった。そのため、奉行所に訴えたのだが、出たのは双方でよく話し合えという裁配で、今の民事裁判でいう和解勧告にすぎなかった。重板・類板を御触書に入れさせたのは、いわばこけおどしのようなものだったのだ。それよりも内部を規制する重要な武器だったのである。

絵師が拓いた江戸版の魅力

十七世紀の前半まで、江戸で出版をするインフラも整っていたとはいえなかった。いくつかの本屋が開業してはいたが、ほとんどが京都の店の支店（江戸店）で、下り本といって上方の本を持ってきて売るだけだった。板下を書く、板木を彫る、刷るといった職人が不足していたし、大量の紙を供給することもまだできていなかった。江戸で地の紙漉きによる生産体制が整うのは十八世紀に入ってからである。そもそも本を書く人、つまり作者がいなかった。儒学者もほとんどが京都にいた時期だし、寺院の本山も関西である。

そのうえ、明暦三年（一六五七）におきた大火で江戸の町の大半を焼いてしまった。死者十万人といわれて人材を失い、在庫の本はおろか板木などの資産も焼いてしまった。江戸文化がリセットされてしまったようなこの大火から十年、江戸は復興し、寛文年間（一六六一～七三）には本屋の活動がようやく活発化した。その中で中心となった本屋のひとつが、松会である。

松会というのは伊勢の出身といわれる松会氏の出らしい。そのため〈まつあひ〉と読むとも、本屋の屋号としては〈しょうかい〉だという人もいる。ある本に〈まつゑ〉と振り仮名があったとして、〈まつえ〉と読むということで最近は落ち着きつつあるが、つまるところどう読むのかわからない店である。

この店から出したものはいまだに新発見の本が出てくるなど全貌（ぜんぼう）はなかなか見えないが、おおむねその発行本二百七十余点のリスト（異なる版を加えると三百五十点）が完成されつつある。仏書、医書、漢籍などの硬派の本から和歌・物語の古典など、大半は京都でできた本の焼き直しで、早いものは正保（しょうほう）年間（一六四四〜四八）から刊行していた。それが寛文年間になるとお伽草子や浄瑠璃、仮名草子などの大衆向けの本に力点を置くようになり、独自の開板をするようになる。

松会以外にも江戸で刊行する本屋がいくつか出てくるが、これらに共通する特徴があった。それを今研究者は「江戸版」という特別な呼称でとらえている（図14）。その特徴は京都版に比べて一頁に入る行数が多い板下文字の個性があったことである。むしろ緻密（ちみつ）な小さめの文字で彫られており、独特の味わいがある。ただし、紙は漉き返しか、できの悪いぼろ紙で薄墨色になっている。十分な書物用上質紙がまだ手に入らなかったからである。文字を小さくしたのは丁数を少なくして紙を節約したともいえる。しかし単純にそうとはいえず、一頁ないしは見開き二頁単位の挿絵をしっかり入れており、売れる本づくりを目指している。

その挿絵にも新風が吹き込まれた。それまで本に挿絵が入るようになったとはいえ、職人としてかかわるだけで、まだ絵師として作者名が出てくることはなかった。その

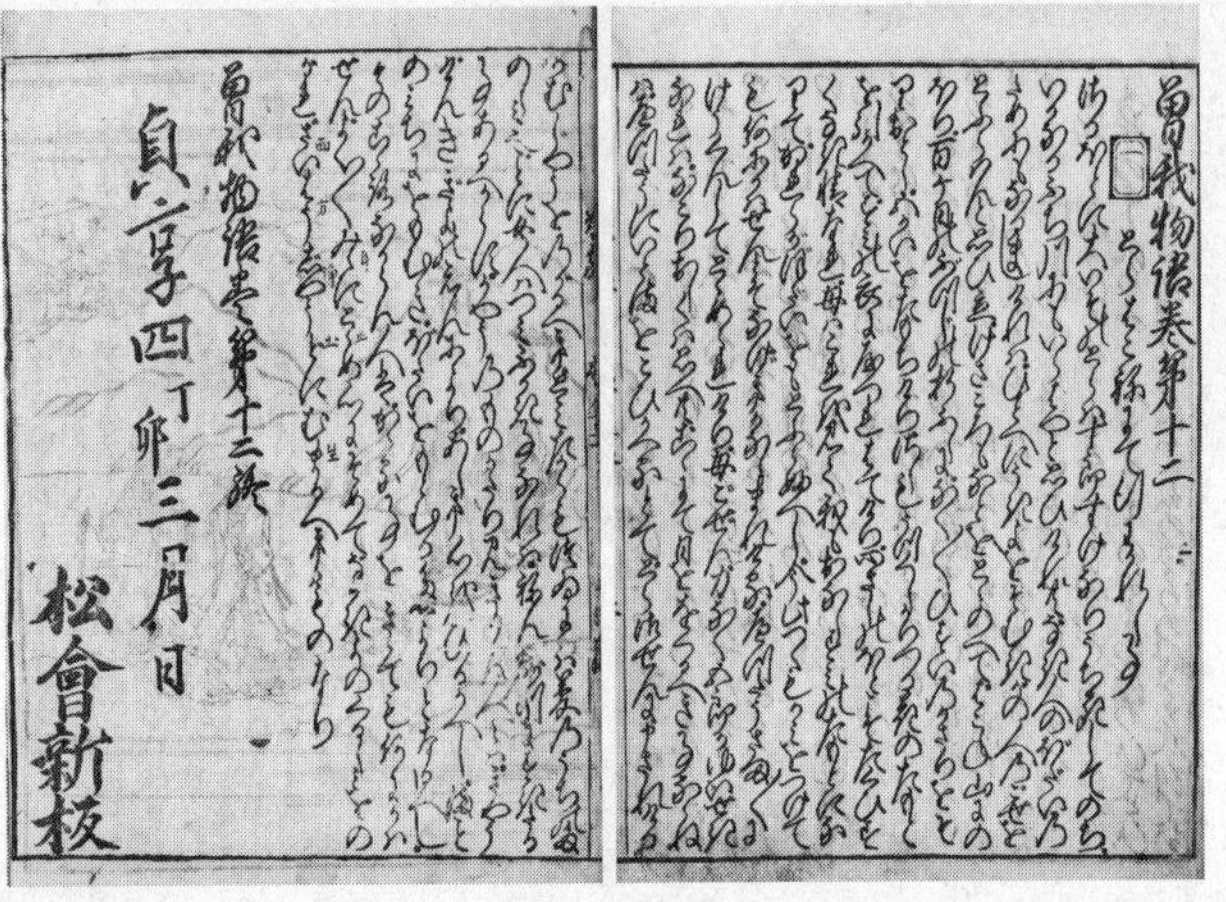
曽我物語巻第十二

曽我物語巻第十二終

貞享四丁卯三月日

松會新板

図14　松会が出した江戸版『曾我物語』

ため、具体的な職業的絵師の名をあげることができなかったが、ようやく江戸で菱川師宣のような個性的な画家が出ることで日の目を見るようになったのである。師宣とその工房では、風俗や風景が生き生きと描かれるようになった。これ以降、挿絵には画家名を本に記すようになるし、その画家の本として売り出すようになる。さらには、そこから進んで文のない絵だけで構成された本もできた。それが絵本である。師宣絵本は知られているし、京都の絵師たちも盛んに自分たちの絵本を出版するようになる。江戸の大衆本市場を開拓した鱗形屋とともに江戸の地で書物の普及に貢献した。

　このように江戸版の刊行物にも出来

のよい本が少なくないが、江戸で売れても上方に上るほど十分ではなかったと思われる。京都ではまだ江戸の本はほとんど売れなかったのである。板元名入りの『書籍目録』に江戸の本がほとんど載らないのは、理由があった。内容的に売り物にならないとか、商業ベースに乗らないといった判断だけではなく、江戸版の中には上方本の重板の恐れがあったからだと考えられる。江戸ではまだ重板・類板のルールがきちんとできていなかったのだ。元禄年間、京・大坂で事実上の本屋仲間が結成されたときも、江戸ではそのような動きはまだ確認できていない。

本屋仲間の台頭

本屋仲間の自主規制

京・大坂・江戸の三都で正式に本屋仲間の結成を認められるのは享保八年（一七二三）になってからだが、大坂ではそのさいにも、最初の二十四軒が発起人の形をとっている（ただし内四名は廃業）。彼らはつねに草分けとして尊重されてきたのだ。そのときの『大坂本屋仲間記録』に載った内部規約に、

仲間江加入無之本屋之箱、并（ならびに）古本売買之看板出し、棚にも書物有之所、向後見（こうごみ）付次第行司より相改、仲間へ差加（さしくわえ）可申候。

というくだりがあって、仲間に入らないものが本屋の出し箱や「古本売買」と書いた看板などを出してはならないと定めた。もし違反を見つけたら行司の指図でやめさせ、仲間に加入させるという。このくだりを読むと他の業種と違うことに気づく。

享保期には、すべての商工業者に対して株仲間を結成させる政策を幕府はとったが、一般的に他の業種では新規参入を制限する独占的な意味合いが強かった。それに対して本屋仲間は、とくに大坂では株の制限をするどころか、新規に加入することを勧めたのだ。事実、享保十一年の仲間加盟数は八十九軒に増加している。このときの加入料は、

素人衆(しろうとしゅう)　仲間入　銀二枚及五升樽
手代(てだい)仲間入　金壱歩及五升樽
子兄弟　銀貳匁及貳升樽

というもので、そう高いものではない。とくに手代など「店員」から独立して加入する者は金一分（銀貨にして十五匁(もんめ)くらい）に酒五升樽(だる)を添えて出せばよかった。店員に負担を軽くして優遇するのは、現代の古書組合も同じである。他業種の排他的な仲間では加入にさいして高額の株代が必要だったのに比べると、本屋の仲間加入の敷居はずいぶんと低い。

また冥加金(みょうがきん)、運上金(うんじょう)といった租税のようなものを公儀に支払う必要もなかった。ごく一時、運上金の支払いを求められたこともあったが、のらりくらりとかわして結局

一度もそのような出費をしていない。していることといえば、毎年正月に町奉行と配下の担当与力・同心にモチ代を配るくらいである。たとえば、明和四年（一七六七）の大坂本屋仲間の記録では、二名の町奉行へそれぞれ金百疋(ぴき)、与力四人に一人銀三匁ずつ、同心四名には一人一匁五分ずつ新年のお祝儀を出すことを決めたなどとあるくらいである。この費用は本屋仲間に入ってくる出版のさいの手数料や、店の入会金やら古書や板木の市場からあがる歩銀(ぶぎん)と呼ばれる手数料などの収入の中からまかなわれた。個々の本屋が直接負担するわけではない。この程度で、奉行所と本屋の関係はおおむね良好だった。

仲間の意義のもうひとつは、幕府（直接的には町奉行所）との間で検閲などの介入をできるだけ抑えるための自己規制をすることにあった。

もし、禁書を出してしまって発売禁止となり「絶板(ぜっぱん)」処分を受けると損害も大きい。絶板とは、板木を破壊して、流通在庫をすべて破棄する処分を受けることだが、費用面だけでなく、精神的な打撃もあって厳しい影響をこうむる。何としても避けたい事態である。禁書というのは、幕府から発行を禁じられた本のことで、耶蘇(やそ)書（キリスト教の書物）のように幕府の根幹となる政策からきたものは厳重だった。そのために、本屋仲間は事前に自主的な形での「自己検閲」をする機能を持った。『禁書目録』や『絶板書目』などをこしらえたのは本屋仲間の側であり、仲間内の出版企画を相互監視していた。

　本屋仲間が出す成員の本屋への公式文書の最初には、たいがい次のような決まり文句がついていた。

　　従御公儀様被仰出候御法度之書物、堅売買致間敷候事

　公儀から出された御法度（ごはっと）の書物は堅く売買いたすまじく候こと、とある。この御法度の書物が禁書である。

　中には延宝七年（一六七九）に出た『先代旧事本紀大成経（せんだいくじほんぎたいせいきょう）』のように古代の歴史書で偽書とみなされて編者の潮音（ちょうおん）という僧が流刑（後に減免）、発行した江戸の戸嶋惣兵衛（とじまそうべえ）という本屋が追放処分を受けたのは厳しい事件ではあった。もっともこの本は、今でも古書としてよく流通しており、また多数の写本がつくられたので発禁とした効果には疑わしいものがある。

　ほとんどは内部の自主規制がきいて、権力の介入といった険しい問題に直面することはそうなかった。それより、本屋の本音としては、仲間相互の重板・類板問題のほうが切実だった。たとえば近世後期の文化十年（一八一三）には、大坂本屋仲間員の数は三百四十三軒となった。本屋仲間の趣旨はむしろ加入者を増やすことで、監視を

行き届かせて、重板・類板を防ぐことに注力したことがこれでもよくわかる。

重板事件の厳しい裁き

享保期に江戸でも本屋仲間（江戸では書物屋仲間ともいった）が正式に発足し、本屋が実力をつけてくると出版活動も盛んになってきた。さらに松会などが開拓した江戸の地での固有の大衆本もつくられるようになってきた。これを地本（じほん）といった。上方では草紙屋といっていたものと同じである。そこでやっと江戸でも重板・類板がきちんと問題意識の俎上（そじょう）に上った。それまで重板はともかく、類板まで厳しくするのはどうか、というのが江戸の本屋の意見だった。江戸の町奉行も教化政策上出版を制限することに消極的だった。したがって江戸では重板・類板の御触書が出なかったのだ。

ところが江戸で以前から一定の勢力を持っていた上方の本屋たちによって強い反論が出た。寛延三年（一七五〇）には類板をめぐる訴訟騒ぎになった。これは上方勢の言い分が通って勝訴となり、以後江戸でも重板・類板は御法度になった。宝暦年間（一七五一〜六四）になると逆に江戸の須原屋新兵衛（すはらやしんべえ）が出した『唐詩選』が、上方で重板となっているのを江戸からきつく異議申し立てをするほどになった。

寛延三年の訴訟自体は上方本屋の勝利だったが、江戸がこの重板・類板を守ってむしろ攻勢に出たことで、江戸の本が上方でも対等に売れるようになった。これで事実上の三都体制が整ったことになる。三都のどこで出した本でも、相互に流通することができるようになったのだ。各都市の中では排他的でない株仲間制度ではあるが、この三つの都市（当時は三ヶ津ともいった）以外での出版物を自由に売ることはさせなかった。本屋以外の者（衆外といった）が出した本は「素人」の本とみなされて、そのままでは流通機構に乗せられなかった。そういう意味での排他性はあったのである。しかし、抜け道はいくらでもあった。江戸時代の本づくりをする人たちはしたたかだった。

そうした中で、江戸で厳しい重板問題が持ちあがった。地本の牽引役だった鱗形屋に対してである。鱗形屋は草双紙の世界を牛耳っていた。硬派の本の半分の大きさを中本というが、そのような小さなサイズの本で子供向けから、しだいに大人向けに題材を工夫していった。中は絵を中心に構成されており、現代の小説と漫画の中間の表現方法だった。多くは上中下三巻構成にして、一冊あたりは安く提供したこともあって大変な人気を博した。他の本屋も進出し十八世紀末には全盛時代を迎えていた。

しかし、安永六年（一七七七）、鱗形屋の手代・徳兵衛が大坂の柏原屋与左衛門と村上伊兵衛が共同出版した『早引節用集』とそっくりな本を売り出してしまった。『早引節用集』というのは、「文字見出之節仮名之数にて引き」と文字を縦に並列したことで特徴を出した辞書である。宝暦二年（一七五二）にこの柏原屋と村上が大坂で出版許可をとっていた。以後、おびただしい類板が出た。それはそうだ、最も基本的な日常に使う字引である。どの本屋も出したい。文字の引き方を微妙に変え、書名を変えて方々でつくるのだが、この柏原屋らはいわば特許権のように主張するので、そのたびに紛議がおこっていた。多くは相手方が非を認めて引っ込むことで解決している。ところが鱗形屋の徳兵衛の一件はそうはいかなかった。

事件の前年安永五年、柏原屋が「正規の本」の再板を出した。江戸では西村源六・山崎金兵衛の二軒がそれを売り出す代理店役をし、江戸の本屋仲間の認可を得た。そこへ徳兵衛が鱗形屋の名で『新増節用集』と称してほとんど同じ内容の本を重板してしまった。そのため安永六年五月西村源六が町奉行・曲淵甲斐守に訴え出たのだった。すぐに吟味が開始され、十二月には厳しい裁許が出た。

重板人・徳兵衛は「家財欠所、十里四方追放（所払）」、鱗形屋孫兵衛は「不埒之由急度吒、過料鳥目二十貫文」に、手代与兵衛・次兵衛両人に手鎖（手鎖）百日、さらに板木を彫った板木屋市郎右衛門にも手錠百日が申し付けられた。当の鱗形屋だけでなく板木屋まで刑を受けることになってしまった。重板事件でここまで重い刑が出るのは珍しい。鱗形屋は、その後しばらくは草紙のリーダーだったが、没落は免れなかった。かわりに台頭したのが蔦屋重三郎などである。この続きは第五章で述べる。

企画制作から行商まで

江戸期の本屋のことを明らかにするには、出版部門だけ見ていては足りない。彼らの幅広い業務を追っていく必要がある。

書物史や出版史、文学研究では、どうしても本屋の出版部門に研究の重点が置かれ、こうした周辺の商売状況を十分に把握しきれていないと思われる。出版の利益というのは薄いもので、それだけの単一の事業で店を成り立たせるのは無理があった。

それを、数字で証明するために、拙著『続和本入門――江戸の本屋と本づくり』では、版本の原価計算を試みた。板下代から始まって板木の彫り賃、刷り代、紙代、製本（仕立）代、そのほか諸雑費を当時の史料からすべて割り出して計算した。売値も当時の目録などから平均単価をはじき出した。すると、初版初刷時に三百部程度の発行が一般的だが、それだけではとうてい利益があがらない。といって、販売店の数の限界がある流通機構や、委託でなく買い取りが原則の商習慣では、多くの部数を刷ると無駄になる。何度か細かく増刷を繰り返してようやく利益が生まれる程度であった。

本屋は自店の新刊書を売るだけでなく、他店が発行した新刊書も売った。三都の他の都市でできた本を自分の都市で独占的に販売するいわば代理店の仕事で卸売もする。現在の出版流通でいう版元、取次、新刊書店を同時にこなしたのだ。しかし、それも利が薄かった。当時の史料からこうした卸の価格（仕切値）は八掛けで、現在の新刊書店とそう変わらない。広い売り場面積にベストセラーがあり雑誌もあり、そのうえ、返品もできる現在の流通とは違う。買い取りでしかも大部数でない本をこの利幅でこなすのは厳しかっただろう。

古本の場合、対象となるのは三都の本屋が出した本（町版という）ばかりではない。中国からの輸入書である唐本、幕府や藩などが出す官板・藩版、寺院が出すもの（寺院版）、そして個人が自費で刊行する現代でいう自費出版にあたる私家版（素人蔵板などといった）などあらゆる種類の版本を扱った。さらに中世以前の古写本、江戸期も盛んだった手書きの本（書本、写本）も重要だった。そのうえ、鑑賞用に仕立てた書や画の掛け軸や拓本、地図・絵図、そして錦絵と実に多岐にわたる。

こうして手広く品揃えをする必要があったのだ。それによって広範な顧客の需要に応えるのが本屋の商売である。よく本の巻末にある店の広告を見ると、新刊書だけでなく、和漢の書籍に多数の在庫があること、私家版や手書きの写本を入念に仕立てるのも引き受けることなどが記載されている。さらに払本（古本を買い取ること）はできるだけ値段よろしく買い取ることも宣伝している。書物のことなら何でもするという多角経営ぶりがうかがえるのである。

本の売り方も、店に並べて来客にそのまま売るだけでなく、上客には、自分から本を背負って新入荷本を見せ、そのまま置いておく。気に入って買ってくれればよし、不要なら引き取って別の顧客に再度同じ方法で預けていく。見計らいという商法である。あるいは、在庫品の一覧を目録にして見せる方法、少し遠方の客には書簡で情報を知らせるなど、さまざまな外売りの営業にむしろ力を入れていたことが、本屋の書簡集や顧客の日記などからうかがい知ることができる。貸本も古くからある商法である。江戸後期になると、大衆本を行商などで提供する町の独立した貸本屋が増大するが、もともと貸本業務は本屋の一部だった。

それらの業務を総合して店の利益を出す仕組みになっていたのだ。当時の本屋は、本のあらゆることに精通し、企画制作から読書まで深くかかわってきたのである。古本部門の充実は品揃えを豊富にするだけでなく、広いジャンルに目を肥やすノウハウが蓄積されることでもあった。

古本市場の成立

古本が本屋に並ぶまでのルートを考えてみよう。最も単純なのがその店に客が持参した場合で、次が顧客の居宅に行って買い取ることだ。これは現代でも同じである。その他売子（うりこ）、世利子（せりこ）といった出入りの小商人たちが持ち込む場合がある。こうして入ってきた本をその店がそのまま売るだけなら自給自足になるが、十分な品揃えにはならない。他の店に売ったほうがよいこともある。そうした店同士の在庫調整をする場が必要だ。そこから古書の市場が成立した。

ひとつの品に複数の買い手が想定されるときには、せりや入札で取引する方法が有効である。この仕組みがあることで一定の価格が維持される。それがいわゆる相場である。それは他の業種でも同様であり、事実古くからこうした場が整っていた。

各種の史料を総合すると、京・大坂・江戸の三都では、本屋仲間が許可する公式の市場があった。そこでは、板木と古本が売買された。板木を所有していることが出版権の担保だったので各店は大事に保管してきたが、これを売ることができた。その結果出版権は移ってしまうが、それに対する代価が入ってくる。その取引を板木市でおこなっていた。本も現在の古書市場と同じように仲間員である本屋なら誰でもそこに出品することができ、そこから買い取ることもできた。その場を保証するために、市場は本屋仲間が管理をしていた。江戸では享保頃にはそれを「市宿」と称して存在が確認できる。市宿はその場を提供する者のことで、本屋仲間の構成員の中から「市株」として与えられて委託されていた。

そこに出てくる古書を「世利物」といい、買主の払った金から五分（五パーセント）程度の手数料（歩銀といった）を差し引いて売り主に支払う。本屋仲間はその五分の中の一分ないしは二分相当を吸いあげる。

さらに当時のしきたりでは、「世利衆」と呼ばれるフリーの仲買人も参加できた。

彼らは店を持たないか、あっても床店(とこみせ)程度で本を求めて各地を歩いていた。これをセドリともいい、目の利く者は価値のある本を掘り出してきて市場に出して儲(もう)けることがあった。昭和四、五十年代まではこうした独立したセドリがまだよくいたもので、江戸期からの慣習である。あるいは市場で安く買って、市場に来ていない別の専門店に持参して利ザヤを稼ぐこともした。上方ではこれを前述のように売子、世利子ともいった。

十七世紀末に開業して現在でも十三代目が営業を続けている東京の浅倉屋書店に残っていた寛延二年（一七四九）の規約によると、市場での清算方法が定められていて、世利物は「十日限(ぎり)」といって十日以内に払わなければならなかった。これを守らないと今後出入りできなくなるという。同じような規定で、大坂では享和四年（一八〇四）の頃、市の取引では売り方へは毎月の晦日(みそか)に勘定し、買い方は、その前の二十七日までに支払うようにと決めている。世利子も個々の店に持ち込むより、こちらのほうが高く売れるし、容易に現金収入が得られた。

この市株の仕組みは京都でもほぼ同じで、本屋の講が組織化された元禄頃には何らかの市場がすでに存在したと考えるのが自然である。少なくとも享保年間には存在が史料から確かめられる。宝暦十二年（一七六二）には「市屋之株を立、仕法を定メ候事」という記事があり、市を開く場所の権利を市屋株と称して仲間の本屋の希望する者に与える仕組みをつくり、その仕法を定めたという。

大坂でも本屋仲間が公式に開く市場を「世利（せり）分会（わけかい）」とか「市立（いちたて）」「会市（かいいち）」といい、こちらも享保頃から書物と板木両方の市を運営していた。この市会を開く権利は株になっていて、それを市株とか市屋株といったのは三都で共通していた。また大坂では本屋と別に草紙屋の市ができていた。

名門本屋「風月」に見る多角経営

風月庄左衛門の日記

寛永期から続く伝統ある京都の本屋・風月庄左衛門（ふうげつしょうざえもん）（荘左衛門とも書く）の日記が残っている。近世中期の明和九（一七七二）年九月から始まるもので、この年は十一月に改元して安永になるので、翌安永二年十二月までの一年三ヶ月ほどの間の分が残されている。

『日暦（にちれき）』と題があり、元若林正治氏所有のものを弥吉光長（やよしみつなが）氏が「古書通信」（通巻五二五～五三三、昭和四十八年）で翻刻し注をつけて紹介したのが初めてである（後に『未刊史料による日本出版文化1』などに再録）。本屋が自分でつけた日記でこれほどまとまっているのは、少ないので大変貴重である。

この日記を読むと、本屋というのは出版だけでなく、本に関するあらゆることを業務にしていることがよくわかる。江戸期の本屋は、現代の出版社のように、暇なく新本を出し続けるという仕事はしてこなかった。日記にはじっくり醸成していくように本をつくる過程が示されている。さらに、唐本・古本、加えて書画の仕入れなどをしながら品揃えを充実させていたこと、店売より現代風にいえばカタログ販売で大口顧客に納本する様子などが書かれている。

風月という店は、寛永四年（一六二七）の刊記のある『長恨歌琵琶行野馬臺詩』あたりを出版の嚆矢として、もっぱら硬派の物之本を出し続けてきた名門の本屋である。初代は風月宗智といって僧侶出身である。以来、沢田を姓とし、京都でも「十哲」のひとつとして中心的な存在だった。おそらくこの日記の書き主は七代目くらいのまだ若い二十代と思われる人物である。当時この店では別宅の伏見に住んでいた先々代にあたる隠居（沢田一斎）がいて、目利きとして仕事を助けていた。

店は寛永の頃は二条通観音町東南角にあり、この日記の頃はそこから西へ数百メートルいった二条衣棚角にあった。京都ならこの地名表現で現在地も特定できる。現在は何も残っていないが、明治初年まで二百四、五十年続いた。京都市内にも支店があったうえ、名古屋には貞享年間に番頭から独立した風月孫助の店があり、さらにもう一軒、名古屋本町に支店を出した。名古屋とは頻繁に交流し一門の結束はかたい。番頭以下手代、丁稚、女中にいたるまで十数人の名が出てきており、家族を入れれば二十人規模になりそうである。

残念ながら原本の所在は不明で、弥吉氏の翻刻のみしか残っていないが、日記は業界用語そのままで書かれており、本屋のことがわからないと理解しにくいものの、それだけに当時の実情が手に取るようにわかる好史料である。

この日記の書かれた一年三ヶ月の間、最大の売り上げは尾張藩と豊後・佐伯藩の買い上げだった。尾張藩八代目藩主・徳川宗勝と次の宗睦の時期の収集が後の藩校・明倫堂の基礎になった。佐伯藩は藩主・毛利高標によって収集されて、のちに佐伯文庫となったことが知られている。

こうした大口顧客への売り方は、大きく二通りあって、ひとつは「見せ本」といって、新規に入荷した本を届けておき、あとで精算する方法である。見計らいという商法である。京都在住の佐伯藩古書購入世話役である人物にはこまめにこの見計らいで本を見せた。この人は即答するので精算が早い。それに対して、遅い人もあり、かなり経ってから返してくることもある。こうした購入されずに戻ってきた本を「帰り本」といい、その出入りを記しておく帳面があり、「帰り本吟味」という作業も実施している。

もうひとつの売り方は、目録販売である。今日の通販のように多くの顧客にカタログを送りつけるのではなく、上得意に在庫品のリストを見せる方法である。尾張藩にはもっぱらこの古本目録で売っている。江戸時代の商売でも、古本の売買に目録が重要な手段だったことを知っておくべきだろう。

活発化する古本の売買

尾張藩と佐伯藩の収集は主として中国から輸入された唐本だった。当時、長崎から直接入荷してくる新規の輸入書を「新渡唐本」〈しんとども〉といい、それ以前のものを古渡〈ことども〉といった。本屋の扱うものは新渡のほかに、いったん個人の蔵書になった後に払本として再流通する古本があった。風月は新渡に加えて古本を混ぜ合わせて販売目録をつくり、それで売りさばいたのである。古渡本でも、日本の古写本や古版本（いずれも中世以前の古い書物）と並んで付加価値が高かったので、唐本は取り扱う本屋にとって収益の柱となったのだった。

尾張藩へは名古屋にあった風月孫助などの支店が取り持って大量の本が納められた。そのさいには目録を作成して送ると（安永二年六月）、翌月から六十両、七十両と数回に分けて入金があった。その総額は日記から拾える限りでも二百六十両に及んでいる。唐本は舶来品として高価で利益も大きかったので、この期間の収益に大きく貢献していた。

江戸時代の新渡唐本は、長崎貿易でのみなされており、唐船から入荷した本は長崎の決められた商人の手で入札され、それが大坂に持ち込まれた。そのさいに糸割符商人やら薬種問屋などの権益があったので中間マージンが高く、和本に比べて相当に割高だった。それでも学問といえば儒学・漢学だった時代、その原書である唐本はよくさばかれた。大坂でよく本屋たちの市場「新渡唐本市」が開かれ、そこでの入札や競りで各本屋に仕入れられた。その市場が京都にもあったようで、日記期間中には明和九年十月、安永二年一月、四月に本屋である武村嘉兵衛方で三回開かれている。この市は、京都の本屋仲間の記録にも公式な市場として認められており、唐本だけでなく和本の古本や板木が取引されていたようだ。

すでに市中に出回っている唐本は古本で買い集めた。店で顧客から直接買い入れる記事が頻繁にあるほかに、唐本専門の私的な古本市もあったようで、安永二年十一月に開かれた通鑑会と、水滸会というのがそれにあたる。この通鑑会の入札方法は、まず期日の数日前に下見をしておき、後日「入札筒」という竹筒のようなものが届いたら、そこに価格を記入した紙を入れていくというやり方だったらしい。現在の古書市場は封筒に入札する方法で、即日開札されるが、当時はこうして数日かけて本屋の間を回していく方法があったのだ。

このほかにも明和九年十月には、番頭の武介に芳野屋徳兵衛方でおこなわれていた市に行かせたという記事があるし、安永二年閏三月には「板市八まんニて」とあって、板木市が八幡神社で開かれたことも記している。

親しい本屋同士で講を組み、そこで売買することもよくあった。安永二年四月には

「万歳講丸源（丸屋源兵衛）若州買物出ス」とあって、若狭から大量の払本が万歳講に出品され、講中で入札会が催されたことを記している。活動の幅広さは、書画や骨董にまで及び、別の本屋が会元になっている「道具会」に出向いたなどの記述もある。

こうした公私の市場での入札のほか、古本屋がつねにそうしてきたように、顧客の家に行って仕入れることも当然あった。安永二年閏三月の記事では「大坂珍書買之事」、つまり大坂に珍書が出るので、紹介者に添状をもらって赴いたとある。あるいは、同年四月「松岡入来……古本目録受取置、凡正味二百六十目程」、松岡某氏の蔵書整理で銀二百六十匁評価したとある。そのほか本屋同士の相対取引による古本の売買記事もよく見られる。

風月とは別に、江戸の慶元堂・松沢老泉が書いた文政元年（一八一八）の日記『堂前隠宅記』というのも残っていて翻刻されている。この江戸の本屋の日記でも、仕事の大半は古本の仕入れやその販売である。

藩のような大口でなくとも、本を収集する者は多く、そうした顧客に新刊本だけでまかないきれない。和唐本・写本など各種取り揃えてこそ対応できる。そのために必要なのは古本の仕入れである。こうして本屋の日記を見ていると、店主、隠居、番頭・手代たちを動員して本を集めている様子が詳細に記されている。それほど重要な仕事だったのである。

そもそも本の市では仕入れるだけでなく、ここで本を売ることもできる。売れば貴重な現金収入になる。世利子などのようなフリーの仲買人が成り立ったのも、安く仕入れて高く売れる可能性のある市場取引の場があったからだ。公私にわたっていろいろな市場があり、本屋たちはこれをうまく利用していた。

古本在庫の管理

日記では、まめに帳簿の整理をおこなっている様子がわかる。その帳面から、どのような商品を扱ってきたかがわかる。

この店では、新本、古本、唐本がそれぞれ区分けされて保管されていて、店や隠居宅、市内各所にいくつかある蔵に分散されていた。その置かれた場所ごとの商品在庫調査をまめに実施している。帳面と在庫を照合する仕事を棚卸（たなおろし）というが、それをこまめに実施しているのだ。

ふだんから「十日合（あわせ）」といって月に一度簡易な棚卸をしており、暮れのほかに安永二年四月から五月にかけてと、十一月に再び全店の大掛かりな調査を実施している。どこに会計報告するわけでなし、まして税の申告の必要もなかった当時でもこうして律儀に帳面と在庫のつき合わせをしていたのだ。

品物別では、「古本合」といってまず在庫古本の棚卸をする。今日は店内を、翌日は別の蔵を、さらに離れたところにある別の蔵も、というふうに古書の在庫をこまめに調べ、帳面とつき合わせていく。その場所には西店や南店というのもあり、あるいは別の場所に支店があったらしく、置き場所は多い。相当量の在庫が想像される。さらに、「唐本合」「書本合」「有本合」などともあって、唐本や書本（写本）の在庫調査も実施するし、当然、新本の在庫状況も合わせた。明和九年の暮れは、十一月から実施してきたこれら諸本の棚卸をまとめて「総有本合」をして、最後に各種帳面との照合（帳合）で終えている。

ほかにも安永二年七月には「去年唐本買票目へ移ス」、のち「唐本いろは分にして写す（二十六日終える）」という記事もあって、在庫リストを検索しやすいように、書名の読み順にした帳面を別に作成しているところなど仕事がこまめである。

安永二年四月の記事に、「松岡本ニフ帖打蔵へ入ル」とあり、顧客の松岡氏から買い入れた古本に符丁を打って、それから蔵に入れたという。古本は買値を本の後ろ見返しなどにその店にしかわからない片仮名の符丁で記すのが習慣である。それをきちんと書いてから本をしまうことがわかる。「合」とは、この符丁と原簿を照合して帳面をチェックする方法である。たんに在庫品一覧とするのでなく、原価も記す棚卸のしっかりした形式だと判断できる。

このように古本も業務として重視するのは、江戸時代の書物観においても、本は一点一人限りの所有物ではなくて、「お預かり物」という観念があったことだ。この本をいつか別の人がまた見ることを念頭に置いて所持していた。だから、個別の本ごとに伝存の歴史が異なる。何部も印刷された本でさえ、ひとつとして同じものがないのだ。そこに書き入れがあり注釈がなされ、感じたこと、学んだこと、あるいは後進に教えたいことなどがメッセージとして残される。それはたんに本代が高いからとか、もったいないないだけの感覚でなくて、書物にはそのように次々と伝えていくべき性格のものだという、中世にもあった意識が働いていたからである。

こうして本屋の書いた日記でその日常業務を把握してみると、実に多様な仕事をしていることがわかるのだが、そのことは本屋のことだけでなく、江戸期の書物事情そのものが多様だったことを示している。よく、書物の歴史を「写本から印刷本へ」というフレーズでとらえて、印刷本ができることで読者層の拡大がはかられ、「知」の分配が進むというようないい方をする。たしかに歴史はそのように動いていくが、その要因を印刷本の存在にだけ限定してしまうと、書物史の一面しか見ていないことになる。出版は重要な仕事ではあるが、別の要因とどうからみあっていくのか、といったことも合わせて考えていかないと本当の人と書物の関係をとらえることはできないだろう。

第四章　世界的にも稀な江戸時代の出版形態

株になっていた出版権

添章の発行と管理

前の章で、重板・類板のような出版権の侵害に対処するルールは同業者間の問題として非常に強い拘束力を持っていたことを述べた。著作権の概念がまだなかった時代、本屋の守るべきはまず自店の刊行した本の出版権だった。そのシンボルが「板木」で、それを所有することが出版の権利を示すことになっていた。これを板株（はんかぶ）といった。〈はんかぶ〉もしくは〈いたかぶ〉と称したようだ。出版権が株になっていたことが肝心な点である。この制度は重要なので、本章では、それをじっくり考察していく。あらゆる本に関する業務をこなしていたとはいえ、出版は本屋にとって最も重要な仕事に違いはなかった。この業務をしっかり見ることが、江戸時代の書物観を知るポイントになるだろう。

板株は本屋仲間が公式に認めたものである。これがあればいつでも増刷することができ、再板や増補版をつくることが赦（ゆる）された。逆に板株がないのに、同名同内容の本を出せば重板であり、一部を模倣していれば類板だった。

　そして、この出版権を何軒かの本屋で持ち合う相合板というのもあった。一種の共同出版である。これも持ち分に応じて株になっており相合株といった。

　この板株や相合株の仕組みとそこから派生する出版形態は、江戸時代の中頃から急速に進化していく。これによって日本の近世出版業は、それ以前はもとより、その後の近現代の出版とも違う仕組みを持った。世界的にみても独特である。

　板株が公式に認可されたことを示すために、本屋仲間行事は「添章」という書類を交付した。〈そえしょう〉もしくは〈てんしょう〉ともいう。これと仲間が所有する原簿に割印が捺されて照合されるようになっていた。原簿は最も重要な書類で割印帳と呼ばれていた。割印帳は、仲間が公認された享保年間からの分が江戸と大坂でほぼ現存しており、京都では一部が残されている。近世中期以降における町版刊行の最も基本的な史料となるので翻刻されて現在『享保以後江戸出版書目』、『享保以後大阪出版書籍目録』として出版されている。

　この添章が無事に発行されるまでが大変だった。本屋が出版をしようとするときは、次のような手続きを経なければならなかった。

　該当する本を出す店を板元といった。その板元は著作ができあがったら、その草稿を綴じた種本（これを「写本」ともいった）に仲間吟味料を添えて仲間行事（大坂では行司と書いた。以下、大坂のことを述べる以外は行事と表記する）に三部提出する。このうち一部もしくは二部は、関係すると思われる本屋に見せる。これを回本（まわりぼん）といい、ここで数ヶ月、いや一年近く滞ってしまうことがある。重板は比較的明らかにしやすいので、同じ仲間内ではそうもめないで解決する。ただ、江戸で出した本が、京のある本屋が以前出したものの重板にあたる、というようなときは相互の仲間で調整する必要がある。

問題は類板の場合だ。これは主観が入りやすく、ひどい難癖をつけられることがある。そのため行事たちが間に入って、解決するまでに根気よく時間をかけなければならなかった。

『大坂本屋仲間記録』に収録された「出勤帳」には、行司たちが寄り合いを開き、さまざまな内部的な事務をこなすさまが詳細に記録されている。これで見ると行司は基本的に互選で選ばれた六名が常勤で、これに加役といって二名が加わることがあった。寄り合いは月に一、二回の割で開き、少ないときで五名、多いときで八名が参加した。そこでは人事、各種訴えへの回答、未払い者への催促、京・江戸との連絡、板木市や本市への通達などこまごまとした仕事が多い中で、各本屋から提出されてくる新刊や再板の申請に対する業務に忙殺されていた。新規の開板はここを通過すると町年寄を経て町奉行の免許を得る手順を経るのだが、そこまでいけばそう大きな問題はおきない。むしろ、事前に他店から異議申し立て（これを差構といった）が出てもめるほうがよほど面倒である。

そのため、本屋が新刊を出すには、採算に合うかどうかという経済性だけでなく、こうした苦情を受けずにすんなり刊行までもっていけるかどうかも判断基準になる。少しでも差構が出るような本は避ける傾向にあるのだ。重板・類板問題は、本屋の権利保護でもあるが、同時に伸び伸びとした出版企画を抑えてしまう消極性を生んでしまった。純粋に企画を練っていくだけではなく、余計なマイナス面もかかえていたのだ。

申請を受けて重板・類板に問題がないとなると、お上の禁制に触れないかを自主的に判断し、しかるうえに申請書（願書）に行司の印を捺して町役人を経由して奉行所の判断を仰ぐ（京都では直接奉行所へ行く）。そこで許可が下りてようやく本の制作にかかる。

板木面に貼って彫るための基になる清書を正確に書くことが必要だった。この清書をする者を筆耕といい、職人や能書家に依頼した。そのできあがったものを板下という。さらに板木を彫ってから誤字や誤記を見つけて修正する作業も面倒なもので、もし板木に誤り部分があるとその箇所を削って他の木に彫った修正分を埋め込んでいく。それでこれを象嵌とも埋め木ともいった。これは大変な作業なので筆耕に渡す前に十分に文字の校合(きょうごう)(現在でいう校正)をしておく必要があった。だから、彫り師をはじめここまでにかかわった人への費用だけでも大きな投資になった。こうしてようやく板木が彫りあがるまでの行為を開板(かいはん)という。事実上ここまでくれば刊行にこぎつけられるので、開板とは出版と同義語だった。

板木ができあがると、試し刷りの本を五部用意した。二部は本屋仲間の行事を経て奉行所へ、もう二部は自家用で、残り一部を京都や大坂では天満宮や住吉神社の文庫に納めたことが知られている。このとき丁数に応じて本屋仲間に白板歩銀(しらいたぶぎん)という手数料を支払った。これは最初の試し刷りが薄墨で刷られたので、まだ板木が真っ黒にならずに白板だからということから来ている。

奉行所へは、最初の草稿と、この試し刷りに手数料を添えて提出した。これを上げ本という。申請した原稿とできあがった本が同一かどうか吟味を受けるためである。その後ようやく添章が発行された。そこには、書名と冊数、発行を認可された本屋名、認可された年月、行事の印が記される。原簿には認可された年月日、書名冊数、発行者名とその印が記され、その両者に行事の印が割印される。それで正式に刷り出しができるようになり、製本がおこなわれて発行にこぎつけた。

新刊を発売するときは、販売を依頼する店に見本の本とこの添章に「入銀帳」という注文部数を書き入れる帳面を添えて、手代が注文をとって歩いた。買い取ろうというところは、その帳面に必要部数を記入するのだが、お祝儀に余分に書いたものだそうだ。現在と違い、返品制はないので買い切りである。

事実上三都間では申し合わせができていて相互に売買することはできたとはいえ、基本的に添章は、各都市内でしか通用しない。かりに京都で出した本を大坂で売るときには、大坂本屋仲間の行司に、改めて申請しなければならなかった。しかし、すでに京都で奉行所の許可が下りているので、行司だけの判断ですむ。江戸でも同様である。そのさいに、そうした手続きを地元の本屋に頼むことが多かった。その事務を受ける店は、その本の売り出し店（売りさばき、売り弘めともいう）として割印帳に記帳され、そこに添章が出る。

割印帳と添章

図15にあるのは大坂の本屋・伊丹屋善兵衛が安政五年（一八五八）十一月に出した、『文章軌範纂評』という本の出版申請書（願書といっしょに提出する決められた書式による書類）である。『大坂本屋仲間記録』の「出勤帳」の安政五年十一月の条にも、この願いが出たことを記しており、それによれば、江戸にあった草稿本を伊丹屋が代金十二両で譲り受け、それを基に開板したもので、よろしく認可してほしいということだった。

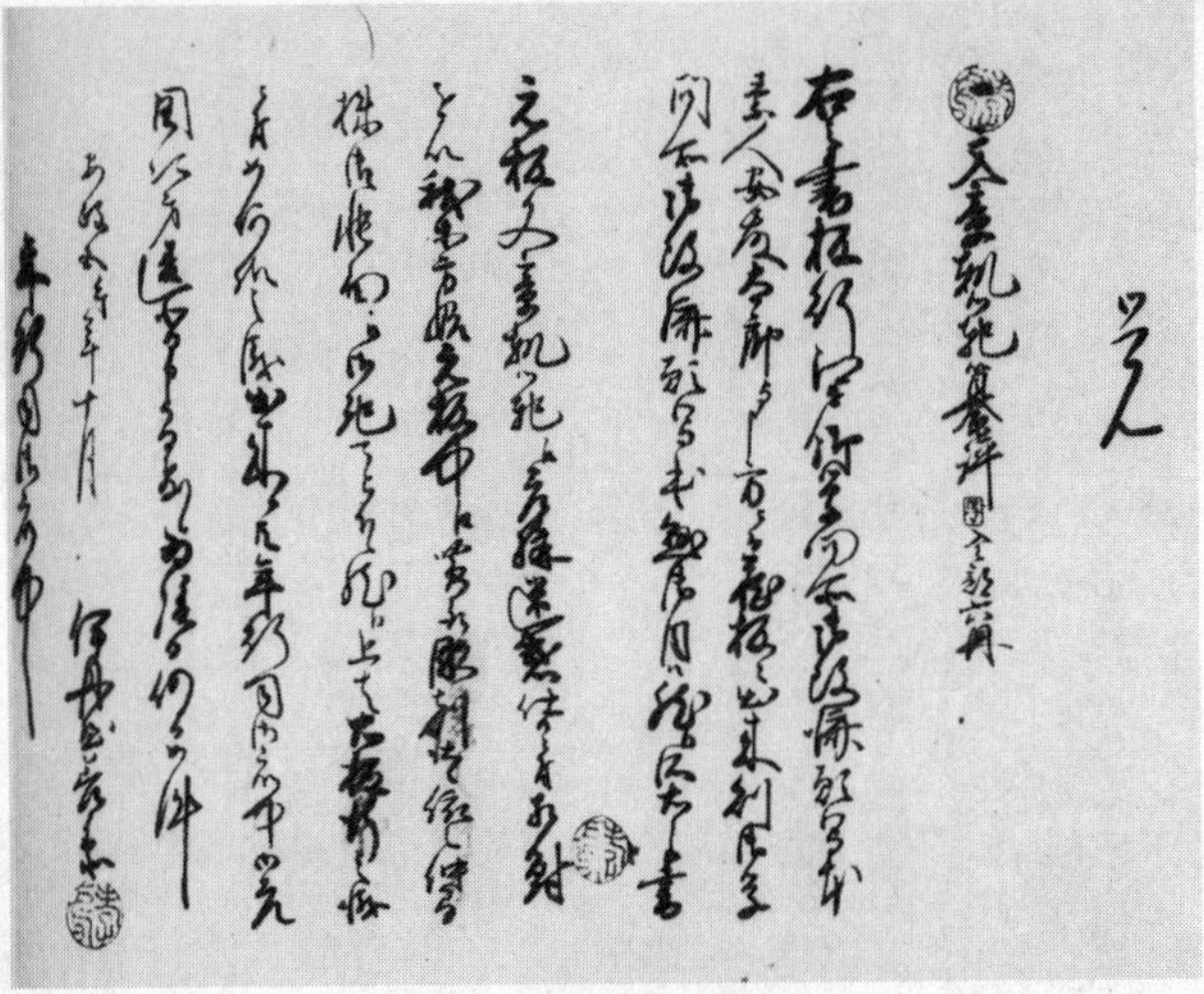

図15　大坂に出された出版申請書　『大坂本屋仲間記録』から

この本は大坂の学者・安藤秋里（あんどうしゅうり）による漢籍『文章軌範』の注釈書である。安藤は本書の出版にいたる前に没してしまった。そのため、草稿は江戸にあったようだが、それを遺族が伊丹屋に売って出版にこぎつけたということなのだ。「出勤帳」にはすぐ添章を発行したとある。

次の図16の右は京都書林仲間の割印帳にあったこの本の部分で、板元・伊丹屋の『文章軌範纂評』を安政六年四月、京都の出雲寺文治郎（いずもじぶんじろう）が当地でも売り出したいと希望したさいのものである。それと印影が一致する添章があって、京都書林仲間の行事（三組行事とい

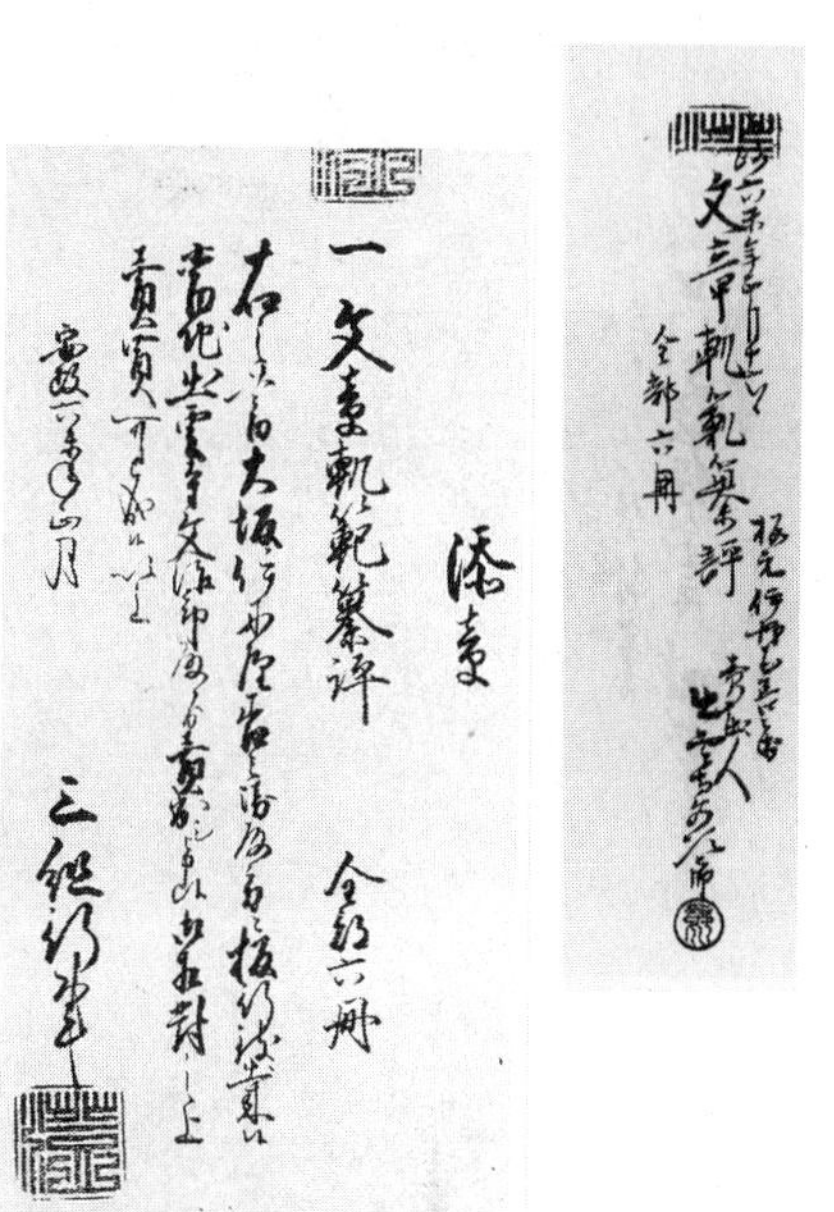
文章軌範纂評
全部六冊

添章
一 文章軌範纂評 全部六冊

図16 『文章軌範纂評』について、右は京都書林仲間の台帳である割印帳の安政6年部分、左はそれと割印をした本屋側が持つ添章

った）の名で、大坂の板元の本だが当地でも売買することができると書いてある。

これらは、ばらばらに保存されていたもので、大坂のものは『大坂本屋仲間記録』の中に、京都の割印帳は『京都書林仲間記録』の中の「他国販売売出添章帳」に、そして出雲寺の添章は『藤井文政堂板木売買文書』にそれぞれ別個に影印されていた。同じ本でここまで揃うことはめったにないので、ここで紹介した。

現存する『文章軌範纂評』は、「国書データベース」で調べる限り、さまざまな板元の本があり、明治期の後刷り本まで多数あるが、新刊のさいに奉納されたと思われる住吉大社御文庫蔵の本の刊記に須原屋茂兵衛以下伊丹屋善兵衛まで十四軒の書肆名と「安藤氏蔵板」、安政五年刊と記されており、これが本書の初刷本に該当しよう。これで江戸では、須原屋茂兵衛が売り出し人になったことがわかる。

江戸期の本づくり――風月庄左衛門の日記より

私家版の支配

前章で紹介したように、江戸期の本屋は出版だけで成立しているわけではなく、唐本や古本も交えて幅広く品揃えし、それを店売だけでなくさまざまな方法で販売していたが、とはいっても出版事業はその店の顔である。信用がつき、格が上がる。したがって、その仕事をおろそかにしなかった。

前章で触れた風月庄左衛門の『日暦』には、そうした出版にかかわる仕事についても詳細に書かれている。編著者、校訂者などとの信頼関係を築き、江戸期の出版の特徴である相板や講を通して同業者同士の結束も高める。筆耕や彫り師などの職人と良好な関係を維持する努力もしているのである。一方、出版企画にはさまざまな苦情が出てきて、その対応に追われるなど本屋がどのように本づくりをしていったかが手に取るようにわかる好史料である。

風月ほどの名門なので本屋として出版点数も多いほうだが、インターネット版「日本古典籍総合目録（二〇一一年当時）」や「全國漢籍データベース」で検索してみてもここが出版にかかわった本の点数は四百六十五点ほどだった。これは寛永期から明治初年まで続いた総計で、風月が中心となって刊行した本のほかに、他店の板木を購入した求板本、共同出版や、発売だけを担ったにすぎない本も含め、刊記に「風月庄左衛門」、「風月荘左衛門」、「風月」、「風月堂」などの名が出ている本を集計したものだ。およそ二百五十年間なので一年あたり一・八六点である。

日記は明和九年（一七七二）九月から翌安永二年（一七七三）十二月までの間だが、この前年から四年後までに風月庄左衛門が出版にかかわった本は十九点ほどである。日記の期間中は年に二点だが、この期間中から準備にかかった本が翌年以降刊行され、年に三、四点出る。名門の本屋といえどもかかわる新刊点数というのは、この程度なのである。

この日記から出版の仕事を追ってみる。たとえば、明和九年九月十日「婦科摘要、国字解板下四丁恒公ノ一より四迄村上へ持参渡シ置」とあって『女科摘要』（早川俊城撰、安永二年刊）と『春秋左氏伝国字解』（安永四年刊）の二点の出版に向けて板下を仲間の本屋・村上勘兵衛へ持参したとある。前者は割印帳に別の本屋が板元である旨が記帳されているので、風月は相合板で共同参加したものと思われる。後者は中堂謙山の著作で、日記の中ではしきりに草稿や清書（作者自身が板下も書いていた）のやりとりをして着々と進行させていた様子が書かれている。

　現代の出版社では原稿が揃ったところで印刷所へまとめて入稿するのがふつうだが、江戸期は作者の清書原稿から板下書き、板木彫りへの過程は、数丁からせいぜい十数丁単位で細かく進行していくものであることが日記からわかった。新刊本は数年がかりで、しかも数点が同時進行しながら製作されている。手間もコストもかかり、その負担も大きかった当時、慎重に本づくりをしたのだ。大量出版、返品問題などをかかえる現代とは異なるつくり方である。

　また日記に出てくる伊勢の和学者である谷川士清と風月との関係は、江戸期の出版過程のよくわかる事例となっている。もともと私家版で刊行されていた本を、改めて町版として流通させようという場合の例である。

　士清は京都にのぼって、神道学者・玉木正英に垂加神道を学んだ後、津に帰って医業を継ぎながら家塾を開いた。その初期の著作が『日本書紀』を通釈考証した『日本書紀通証』全二十三冊である。宝暦十二年（一七六二）に自分の家塾・五条天神宮の自費出版（私家版）で出した。

　谷川としては開板から十年経ったところで、本屋間の流通経路に乗せて売りたいと希望した。このような私家版で刊行された本を後になって本屋が売るにも、本屋仲間での手続きが必要だった。仲間所属の本屋が代理となって新刊を出すときと同様、行事に申請するのである。町奉行の許可や他店からの差構がないかどうかを吟味するのも同じである。それで許可が出ると、仲間の本屋が販売代理店（売り出し店）となって流通できるようになった。この私家版の蔵板者と売り出し店との関係を「支配」といい、本屋を「支配人」と呼んだ。

『日本書紀通証』の本屋での発売を取り持ったのが風月である。日記にはこの支配にさいして細かく金銭のことが取り決められていた。売値である建値は銀六十五匁とし、市販する一般の本屋へは五十八匁で卸す。これを「仕切る」といった。その売り上げから一部について谷川には十五匁、風月に三匁を渡すというものだ。板木の所有権に応じて受け取る配当である。ここでは一点売れるごとに著者である谷川士清に入る十五匁が、今の印税のようなものにあたる。これは自分に板木の権利（蔵板）があったからこそ実現できたことである。ふつうは原稿料すらもらえない江戸時代の著者としては上出来なことだが、全二十三冊の板木の彫り賃を自己負担していたのだからまだまだ持ち出しだった。このほかに一セット売れるたびに「三匁奉納」という記述もあり、おそらく北野天神に奉納したようだ。これも江戸時代らしい考え方である。

　このように個人が自費で板木を彫って出版するのが私家版だが、当時は「素人蔵板」といった。町版を出す本屋が玄人であることとの対比から生まれた語だ。さらに、寺院もよく自費で出版をした。これを当時の本屋は「御蔵板物」といった。これらが広い意味で私家版である。それを本屋が売り出すことを支配といったのだ。私家版のすべてが支配されるわけでなく、あくまでも本屋が「売れる」と見込んだものに限られる。これは収益があがるという意味もあるが、類板のおそれがないか、公儀のご法度にふれないかなどの判断がついたものも含まれる。

私家版は原則として自由に出版することができた。キリシタン物など禁制の度合いが強いものは無理としても、その境界線上の本は実際数多くつくられた。たとえば、蘭学・洋学の本などは本屋としては最初から刊行の願いを出すことに躊躇（ちゅうちょ）するが、私家版での様子を見てから判断してもよかったのだ。私家版は流通の仕組みを持たないとはいえ、古本として実はいくらでも入手できた。出てから様子を見ることができる。そこで奉行所などから何の咎（とが）めも出ないと判断できたら、本屋は売り出しに名乗りをあげる、ということなのだ。

谷川士清と風月の関係が深くなったので、この後安永六年（一七七七）から刊行を開始した『和訓栞（わくんのしおり）』の開板にとりかかっている。この本は、前編四十五巻三十四冊、中編三十巻三十冊、後編十八巻十八冊、合わせて八十二冊に及ぶ大掛かりな国語辞書である。五十音順に約二万語を収録した。

原稿はほぼ書きあげており、最初の部分は清書にとりかかる段階になっていた。そのために、日記では罫（けい）を入れた紙（罫紙、いわば専用の原稿用紙）を風月が作成して谷川に送ることから仕事が始まった。そこから一丁分試しに板下をつくって見本にした。それでよいということになって、以降草稿が来るたびに筆耕によって板下が次々とできるようになった。安永六年に出たのは、前編のうちの巻十三までで、その後文化二年（一八〇五）に巻二十八までが、残りが文政十三年（一八三〇）に出た。中編まで完成するのは文久二年（一八六二）である。士清は安永五年に亡くなっており、以後は遺族（長男・士逸が医業を継いでいるが資金はあまりなかった）と本屋で刊行を続けたわけだが、完結するまで実に百十年かかっている。『和訓栞』はこうして涙ぐましいほどの努力で完成した本であることを忘れてはならないだろう。

類板問題で停滞する本づくり

いろいろな出版企画が出るのだが、重板・類板の恐れがその勢いを遅らせた。この日記から、当時自店が出した企画に他から差構が出て苦慮するさまもよくわかる。ひとつは風月が前年刊行した漢詩入門書の『詩韻児解』である。この本は京都の本屋・植村藤右衛門の出した『詩語砕錦』と差構の恐れがあると事前にわかった。それで当時の行事で風月と個人的にも親しい村上勘兵衛が仲裁に入ってしのいだ。しかし、この本は江戸でも似たような本があって問題になったので、風月としてはこれ以上増刷などはしなかった。

困ったのは風月を中心に数軒の仲間と相合板で出版の計画をしていた『尚書注疏』の件だった。『尚書注疏』とは「書経」の各種古注に唐の孔穎達がさらに注釈を加えたものである。その明代の版本を翻刻して発売する予定だった。安永二年（一七七三）二月には校正刷が九十六丁分までできあがっていた。ところが京都の同業者・吉田四郎右衛門から、自分のところの『五経大全』のうちの「尚書大全（書経大全）」と類板になると差構をしてきた。吉田の言い分は注疏の中に大全と同じ注の箇所があるというのだ。それに対して風月側は、注疏は唐代にそれまでの古い注を集めたものなので同じ注が入ることは当然だと反論。全面的に争うことにした。行事の村上勘兵衛も好意的に仲裁に入ってくれる。

この同じ注が引用されていることが争点だったのだが、らちはあかなかった。こういう場合の解決方法は、差構をいってきた店を相合板のメンバーに加えて売り上げの配当の権利を与えるか、金銭ないしは現物の本で補償することが多い。風月とこの本の発売で共同出版の利益を期待していた鮫屋八兵衛と丸屋市兵衛は、これ以上分け前が減るのは死活問題なので、本で補償する程度ですませてほしいと反論してきた。しかし結局、「十ヲ割ノ一軒ヲ吉田へ遣シ」と、十分の一の板株分の板賃を与えることにした。ただし、初版初刷一回だけであること、増刷以降は風月・鮫屋・丸屋の三軒だけがおこなうことを条件にしてまとめた。行事が仲介してまとめるところまで来たが、吉田はごねて取り分を十分の二にしてほしいなどという。これを拒否してようやく解決したのは六月七日になってからである。ここまで三ヶ月以上空転した。本は四年後の安永六年に刊行された。類板は判断が難しい。今でいう著作権ではないので、部分が似た表記だというだけでは主観が入りやすく、中には甚だしいいがかりもあるのだ。それでも、差構を受けたら何らかの妥協をせざるをえなかったようだ。

江戸期独特の「板株」の実態

証券化された出版権

ある本屋が、本屋仲間の認可を経て開板して添章を入手したとき、その本の板株が発生したとみなされる。株は持っている限り永代にわたって有効だったが、それを本屋間で自由に売買することができた。江戸時代の特徴は、この出版権が株になっていたことで売買が盛んにおこなわれたところにあった。現代風にいえば、証券化されていたのである。板木市というのは、現物の板木を売買するところではあるが、事実上の証券市場でもあったのだ。

この市場での株の購入を求板（きゅうはん）というが、権利は買ったほうに移る。ふつうは現物の板木も移動する。求板した店は、これを本屋仲間に届け出て記帳してもらう。そうすれば自由に増刷して売り出すことができた。

また、まだ本として完成する以前の段階でも株は有効であり、これを願株（ねがいかぶ）（〈がんかぶ〉とも）といった。さらに現物の板木が焼失ないしは破損してしまい、なくなってしまっても権利は残った。これを焼株といった。願株も焼株も同様に売買された。それを買って自分で本にするもよし、再び別の者に売ってもよかった。ただし願株は申請から十年という期限があった。

一軒で単独の株を持つ以外に、先ほども少し述べた二軒以上の本屋で出資し合って刊行することもあった。一軒で持つことを「丸株」といい、複数で共同出版するのを相板、もしくは相合株といった。相合株とは、参加した本屋がその出資割合に応じて板株を持つことである。相合株では、板木を等分して持つこともあったが、通常は代表となる店のところに置いておき、相合株主は数枚の板木だけを所有した。これを留板といい、無断で増刷することがないようにするのである。正式に増刷するときは、これら留板を集めておこなった。

さらに株は分割したり統合したりすることができた。最初、丸株だったものを何軒かに分割して売ることもあった。相合は、最初から共同開板だったときと、このように途中で分割されることがあったのだ。逆に、相合株を買い集めてまとめてしまうことも可能だった。だから、十軒で相合株を持っていたうち、ほかの二軒分を買い取って「十軒之三軒分」という持ち方もあった。

このように江戸時代の出版には、板株という制度と相合板という独特の商法とがあったところに特徴があった。これが明確になったのは、自主的に仲間を結成した元禄頃からのことである。あくまでも本屋の持つ株であって、仲間に入っていない衆外の者や素人には権利が及ばない。また、出版権に相当するものであって、著作権ではないから著者には関係がない。

株の配当「板賃」

板株とセットになっているのが「板賃」〈はんちん〉とも読めるが〈いたちん〉と読むのが多数派）である。

これは板株の見返りとして受け取る一種の配当である。その基礎となるのは、出版コストの中における板木関係の代金に相当する部分の償却である。板下づくりから板木を彫るまでの費用に相当する。仲間や町奉行への申請の経費など、開板に要する初期費用も含めて考えていいだろう。

出版には刷り手間や紙代、製本仕立代も大きなコスト要因だが、それらは刷り部数によって変わってくる。それに対して板木関係などの初期費用は、部数に関係なくかかる固定経費である。そこでこの固定費をどう償却していくかが町版の採算にとって重要になってくるのである。とくに物之本のように一回に刷る部数は少ないが、長く売れる可能性の高い商品の場合、初版初刷だけで原価をすべて吸収することは不可能である。そこで、一定期間何度か増刷をすることを前提にコストを分散しておくのだ。

それを決めておくのが板賃である。

たとえば、板木関係など初期費用に銀二百五十匁かかった本を売価銀二匁で三百部刷って売り出すとする。これは平均的な売値である。他店に八掛けで卸すので、一部あたりの実収入は一匁六分程度。全部売れたとしても総収入は四百八十匁。紙代や刷り手間、諸雑費も三百数十匁はかかってしまう。そのままでは大幅な赤字である。そこで、板木関係費用分を板賃に切り替えて、一部あたり五分（一匁の半分。わかりやすく十部について五匁という表現もする）ということにする。こうすると初刷の三百部では赤字でも、五百部ほど売れると何とか初期費用は回収される計算になる。それ以上売れたところからようやく利益が生まれるわけだ。

このように採算が合うまで持ちこたえなければならないのだから、板賃の設定は重要な経営判断である。そこでこのリスクを分散するのに、相合板が役立った。最も大きい板木関係初期費用を数軒でまかなうことで負担を軽くすることができたのだ。主板元になった本屋は、刷り手間・紙代などの費用を負担するかわりに、収入の大半を得ることができた。そして相合の共同出資者には発行部数に応じた配当をする。

かりに四軒の協力を得て主板元と合わせて全五軒の相合だとすると、一軒あたり最初に板木関係費用として二百五十匁の五分の一にあたる五十匁ずつ出資してもらう。それが当初の板株代にあたる。最初の三百部を刷った時点で、板賃が十部について一匁と設定したとしたら合計三十匁ずつ配当をする。さらに増刷したときには、そのつど十部について一匁ずつの割で支払い続ける。五百部を超した時点で元がとれることになる。もし、その本がその後八百、千部と売れたら利益も大きくなる。これが板賃の実情である。最初の一軒あたりの負担が軽くなる。ここでは全一冊の本を想定した計算で説明したが、全二十冊、三十冊となるような大掛かりな出版だったら大いに負担軽減になるだろう。

板賃の額を決めるのは一様でなく、単なるコストの負担額だけで決まるものではなかった。本によって売れ行きを想定して変更されるのである。時間が経過するたびに安くしていくこともよくあって、十部について一匁だったのが、採算がとれた後には七分、五分というふうに低くしていく。

それでも相合板にうまみがあったのは、増刷するたびに入る板賃だけでなく、その株を売ることができたからだ。よく売れる本なら人気があって高く売れる。板賃収入が最初の出資に満たないような売れない本でも、株を売ることでしのぐこともできたので、損害は少ない。板木を買うほうも、初期費用のリスクを負わずに増刷分の利益だけを得ることができる。

この板賃の仕組みは板株に伴うものだから、本屋仲間に入っていない者には及ばない。しかし、素人がつくった私家版や衆外でありながら板木を購入したとき（しばしばそのような例があった)、仲間の本屋を支配人にして市販することができたが、その売れ行きから一定の板賃に相当する額を受け取ることはあった。先ほどの谷川士清の『日本書紀通証』はその例である。

板株移動を証明する記録

開板のさいに割印帳があったように、絶えずおきる板株の移動や分割・統合などを把握しておくために、本屋行事は本ごとに板株所有者を登録した帳面も用意していた。大坂には、どの本について誰が板株を持っているか、ということを組織的に把握した記録として「板木総目録株帳」(寛政二年改正)と「図書板木目録」とが残っている(いずれも『大坂本屋仲間記録』所収)。さらに大坂の本屋が京都や江戸の板株を購入したさいの証文を集めた「京都江戸買板印形帳」(天保五年から明治初年まで)も残っていて、板株がどのように移動していったかを具体的に知ることができる。京都にも一部が残っている(『京都書林仲間記録』に所収)。残念ながら、江戸にはそういう史料が残っていない。

添章は相合板であっても代表となる店に一枚だけ発行されるので、割印帳も申請者一軒のことしか記載されない。それと別に「板木総目録株帳」を作成して、そこに相合のメンバーを記帳するようにしていた。この作業は大坂仲間行司の「出勤帳」によ

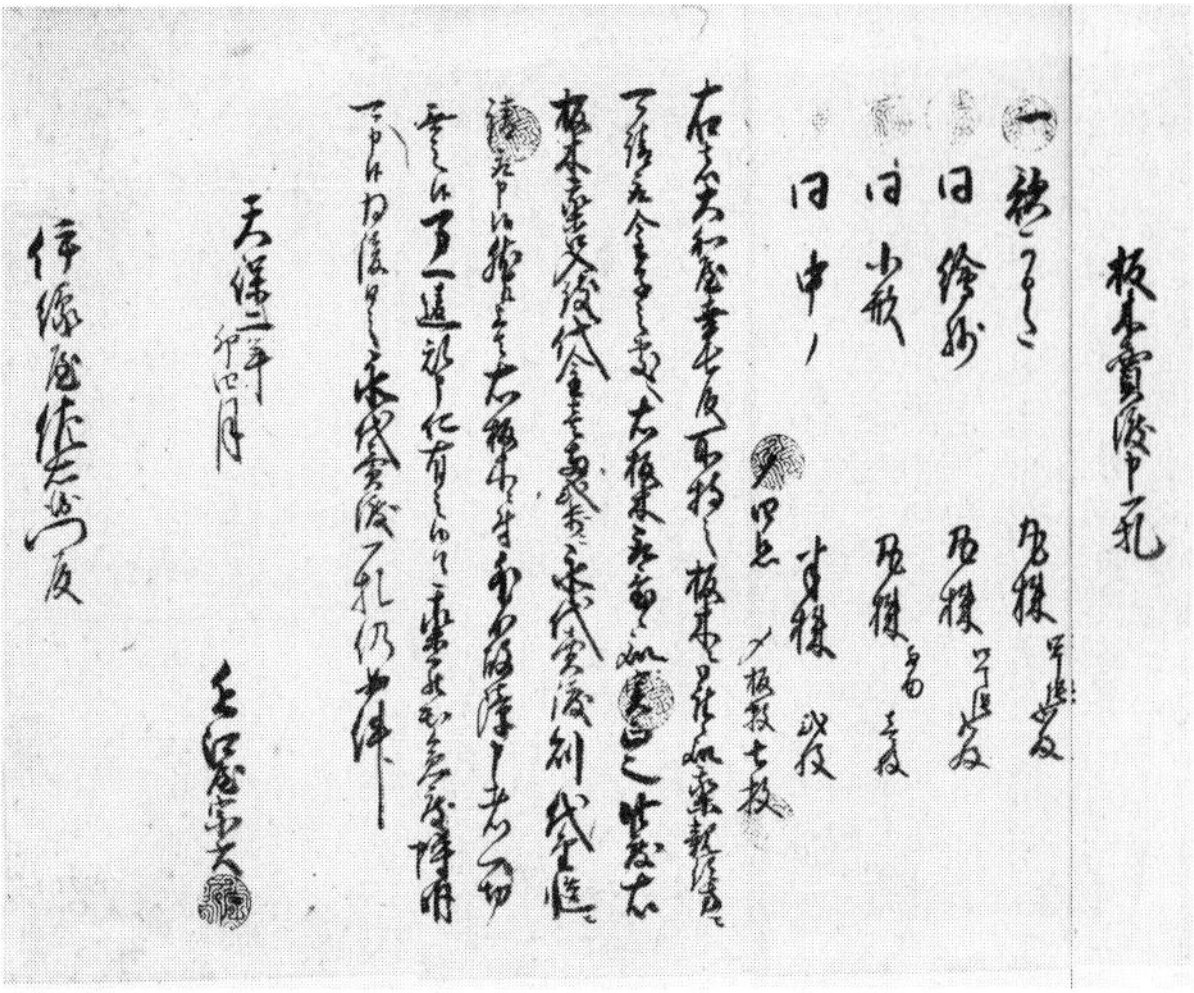

図17　天保2年の歌かるた（丸株）等板木売り渡しの証文

れば天明六年（一七八六）に帳簿の必要性が仲間内で提起され、行司の申し送りのたびに完成を急がせた結果、寛政二年（一七九〇）になって形となったのだった。その凡例に「惣而丸持之分は名前真中に記、相合は上ニ相之一字を記」とあって、相合の本は「相」の一字を入れるようにした。以後、これを原本にして、変更があったときは書き直し、あるいは貼り紙（付箋）をして訂正した。十八世紀後半には、相合が増加したため、こうした記帳法が求められるようになったのだ。

板木は、本屋仲間公認の板木市で取引されることが多いが、そこを通さずに個々の本屋同士で売買する相対取引も少なくなかった。またあとで紹介する講などの場で売買されることもあり、これも相対の一種である。そのような私的な取引であっても仲間の原簿に記帳された。

それは当事者（新たな買い手）が売買の確かさを証明する一札（証文）を提出したからである。

図17は、京都の板木売り渡しの証文で、「板木売渡申一札」とあって、「歌かるた」（百人一首）以下しめて四点を大和屋幸七から一両一歩（分）で永代売り渡しを受けた一札を入れ、捺印して天保二年四月に提出したものである。ここには取引が「実正」（偽りがないこと）であり、たしかに代金を支払ったこと、異議を申し立てる者のないことなどを述べており、それが決まり文句だった。

この決まり文句の中で必要不可欠なところは、書名とそれが丸株なのか、相合株なのか、あるいは焼株・願株なのかの区別、丸株以外ではその所有割合、売買した値段、適正な取引という証明、そして売り手と買い手の名を記すことである。板木市で買ったときはその旨も記す。

これらは売り主＝元の板株所有者が発行する「売り渡し証文」で、買い主は本屋仲間にこれを見せて、別途記帳を求める旨の証文を提出する。

大坂の「京都江戸買板印形帳」に同じような書式がある。売買を証明するものと、記帳・添章の書き換えを求める二種類の証文を書類として用意したのだった。新規の開板の願いではないので、こうした書類が整っていればすぐ受け付けられたようだ。

共同出版の隆盛

講の実態「相合板」

本屋に限らないが、日本の商業史で特徴的な点は同業者同士の結束である。中世の座もそうだが、江戸時代の株仲間もそうだった。そして見過ごせないのが、きわめて私的で任意な集団を結成する点である。それを講という。仲間が数十人から百人以上の単位で結成されるのに対して、私的な講は数名から十数名程度の少数で結ばれる。そのかわり一軒でいくつもの講に入る。

講は商人に限らず、農村でも町屋でもよくつくられた。もともとは信仰の場として機能したが、それは目的の一面であって相互扶助と娯楽の場であった。伊勢講のように成員で積み立てをして交代で代参者（多くは籤であたった者）が参詣の旅に行けた。ふだんは月に一回と日を決めて酒宴を催すのである。遠出に旅をしなくとも町中で集まって商売繁盛を願う恵比寿講や大黒講など幾種類もあった。風月庄左衛門の日記からは八つの講が出てきており、よく参加していた。

本屋が親しい者同士で結んだ講は、頼母子講のように金融的役割を果たす一方、相合板の相談事が多かった。日記には何をいくらで買うか、そこから利息収入や板賃の分け前がどうなったかという記述がよく出てくる。共同で板木を購入する相談や古本の市を主催するなど幅広い活動をする。講では、出版企画に対してむしろ同調者をつのることが多く、そのことで出資リスクを分散したり、配当を期待したりすることが重要視されていた。今でも古書業界に「乗る」という用語があり、共同で何か商売をするときに使う。江戸期にそういう使い方があったかどうか明らかではないが、意味は同じである。江戸期の本独特の相合板というシステムには、こうした意味があり、それが多くの出版量を生み出す源泉のひとつとなっていた。

板元名の載っている書籍目録で見ると、江戸時代前期の十八世紀初頭までの本のほとんどが単独の出版で、わずかに講による相合が見られる程度だった。元禄十一年版の『増益書籍目録大全』には、夷講・伊勢講・弁天講などの名で発行した本や複数の本屋名が記されている本の割合は十二パーセント程度だった。それが十八世紀中頃からは丸株の比率が減っていく傾向にあった。江戸時代末期にいたると、すっかり逆転して、私が調べた結果では「京都江戸買板印形帳」に出てくる天保年間の板木所有形態を見ると、およそ六割が相板だった。最初から相合で刊行する事例が増えただけでなく、丸株をどんどん分割していったからでもある。

風月の日記でたとえば、明和九年（一七七二）九月十八日の日吉講は升伊（升屋伊兵衛）方で開かれ、会衆八軒が参加した。まだ若い風月の当主（当時二十代中頃とみられる）も出たが、祖父にあたる隠居もこの講の「撰者」として参加している。隠居は目が肥えていたので本の評価を指導する立場にあった。それを撰者といったのだろう。大黒講は料亭・湖月で開くので別名を湖月講ともいい、隠居も途中参加した。出雲寺和泉掾など常連七軒に客分として二軒が加わった。ここでは共同で板木や板下を購入した。これまでの配当を受け取る。

万歳講でも若狭からの買い物（払本）が出て番頭とともに買い付けに行く。これはメンバーの一人が古本の買い物をしたので、講中で売立市をおこなったということだろう。

その様子は、同じ京都の本屋・銭屋惣四郎の記録『若竹集』（水田紀久編、昭和五十年）にも出てくる。銭屋の入っている毘沙門講の講中八軒で小本の『拾遺（和歌）集』を増刷するなど、随所に講による相板の記録が出てくる。

同じく京都の吉野屋仁兵衛「蔵板仕入帳」（『京都書林仲間記録』所収）にも、恵比寿講で『傷寒論』を出したほか、文化講・訓蒙講・大師講・薬師講など八つの講で相板に参加している旨の記述がある。

講の相板は、共同で新規に開板をした場合と、既存の板木を購入して講で増刷するものとがあった。その権利（板株）を講全体が持つのと、講中の有志だけで持つ場合があった。

個々の講員は、その持ち分を売買することもできた。『大坂本屋仲間記録』中の「京都江戸買板印形帳」を見ていくと、たとえば「字彙古板　八軒之一軒前　出主風月庄左衛門」などとあり（万延二年二月）、八軒が参加するどれかの講の持ち分を風月が個別に売ったものと解される。相板の個々の持ち分は本屋仲間に登録されていたので、こうしてその権利だけを売買の対象にすることができたのだ。

相合板を表す書き方

相合板のように、複数の本屋による共同出版、板株の共有については、もっと深く究明していく必要があると思われる。というのは、本の刊記に複数の本屋名が書かれているると、それだけで相合板だと思ってしまうことがしばしば見受けられるからだ。たとえば先ほど紹介した『和訓栞』の刊記だが、風月荘左衛門のほかに、京都の二軒の本屋と江戸の須原屋茂兵衛が並んで載っている。こういう表記は珍しくないもので、これを四軒の相合板だと思ったら早計である。

風月の日記から明らかなように、この本は風月が中心となって刊行したものである。しかし、冊数も多くコストがかかるので何らかの形で京都の出雲寺文治郎と山本平左衛門にも「乗って」もらい相合板にした可能性がある。正しくは板賃の契約をしていたかどうかだが、史料からは明らかではない。この本の中編が天保年間から出始めるが、そのときの『京都書林仲間記録』の「板木株目録」には風月の丸株と記している。江戸側の割印帳には何も載っていない。江戸の須原屋茂兵衛は売り出し役である。

このように刊記等の表記と板株の実態は、必ずしも一致しないことを、まず銘記しておかなければならない。本屋にとって、刊記等に名を出すのは、たんに板株の所有権を表明することが目的なのでなく、むしろ売り出しを担う店であることをはっきりさせることも重要であった。売り出し店はいわば代理店でもあり、三都間の本の流通の問屋であり、それぞれの添章の発行に機能する。それは、とくに上方側からすると江戸での重板に対する予防策になる。

図18は安永九年(一七八〇)に出た『康熙字典』である。全十二集三十六冊の本文のほかに総目・検字・索引・補遺などを加えて全四十一冊となる大部な出版物である。清朝内府で刊行した本格的な大辞書であり、その書体は、今日でも「正字」の基本形として手本とされる。最初に刊行されたのが康熙五十五年(一七一六)で、中国での再刊は道光七年(一八二七)までなかった。坊刻本(日本でいう町版)の刊行はむしろ日本のほうが早く、それがこの安永九年本である。

その刊記は、京都の風月荘(庄)左衛門から大坂の浅野弥兵衛まで十一軒の本屋名が並んでいる。大坂の松村九兵衛とあるのは敦賀屋九兵衛のことである。江戸期の本屋名は、屋号と通称名であらわすのがふつうだが、このように姓と通称名で書かれることもある。最後の浅野弥兵衛も藤屋弥兵衛のことである。

これだけを見て、これらの店がそれぞれどうかかわったのかを知ることはできない。和本を調べるさいの原則にしたがって、最終行の浅野弥兵衛を採用したいところだが、江戸や大坂の割印帳を見ると、大坂の敦賀屋九兵衛が「板元」となっている。ここが実際の窓口となって出版したようなのだ。書誌カードで一軒だけを入れるなら「松村九兵衛等板」とすれば、間違いではない。

しかし、それだけでは解決しない。ここに並んだ他の店は何なのだろう。

全部で三千丁に達する板木を彫るだけで、かりに一丁あたり銀八匁かかるとすると銀で二十四貫目、金貨換算で四百両もかかる。正確さを求められる板下には字体のよく書ける筆耕が必要だし、腕のよい板彫り職人も確保する必要がある。さらに発行までこぎつけるには諸費用のほかに刷り代・紙代などを含めてざっと千両は必要だ。これは大事業である。それを敦賀屋一軒でこなすのは大変だ。安永板『康熙字典』は今でもよく古書市場に出てくる。そこでの経験からいうと、現存する本はどれも保存状態がよい。それは上質な紙を用いたこと、きっちりとした仕上げで製本されていたことを物語るのである。

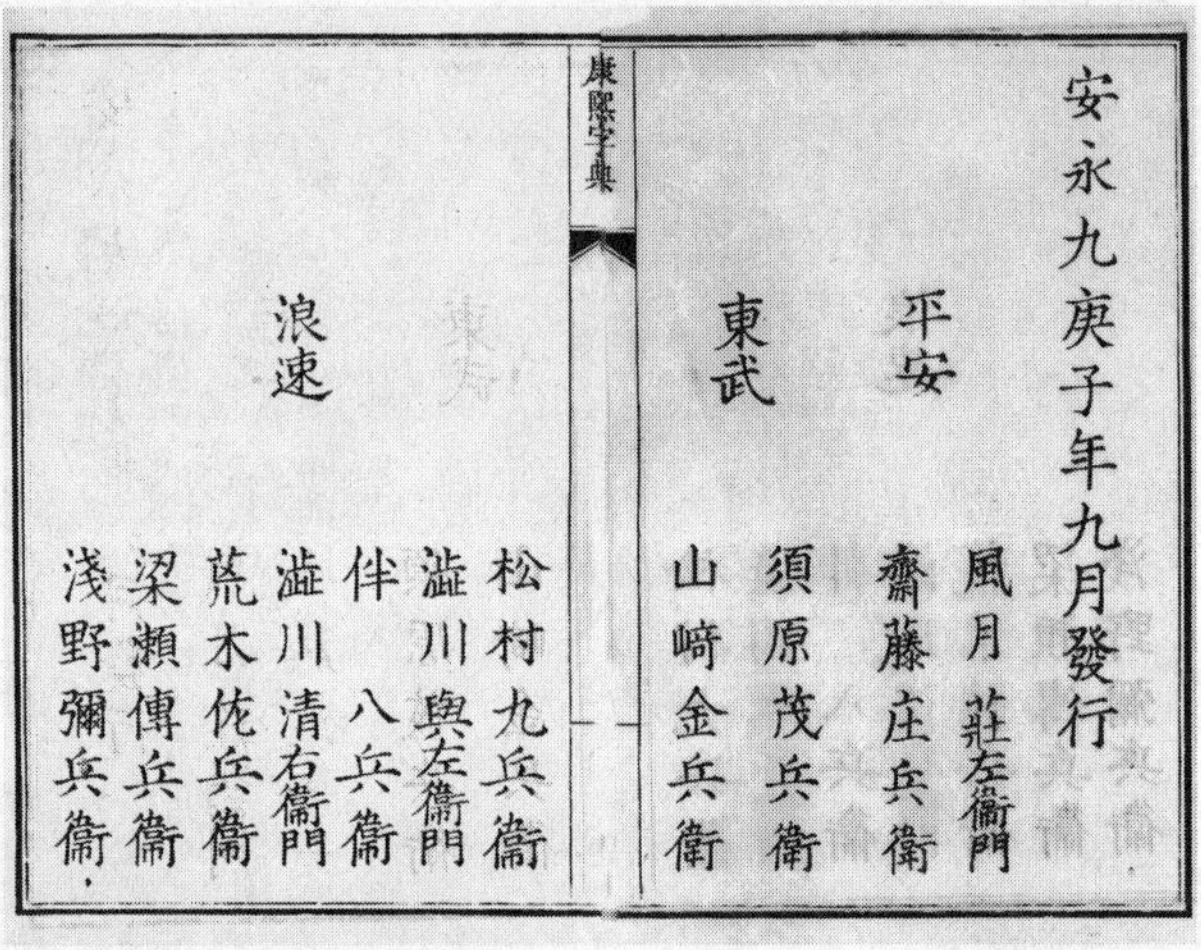

康熙字典

安永九庚子年九月發行

平安　風月莊左衛門
　　　齋藤庄兵衛
東武　須原茂兵衛
　　　山﨑金兵衛
浪速　松村九兵衛
　　　澁川與左衛門
　　　伴　八兵衛
　　　澁川清右衛門
　　　荒木佐兵衛
　　　梁瀬傳兵衛
　　　淺野彌兵衛

図18　多くの本屋の共同出版だった安永9年の『康熙字典』

この和刻本を出すには、校正を手がけた都賀庭鐘の力量も大きかった。大坂の開業医でけっして一流の学者ではないが、しっかりした仕事をしている。出版には、板元と著者とのつながりが反映されるところがある。しかし、それが大部な書物や複雑な版式の本の出版だと、ノウハウや資金不足などで、その人的関係だけではできない店もある。逆に力量はあるが著者とのコンタクトがうまくいかないために開板にいたれない店もある。敦賀屋は大手で、この時期多くの出版物を手がけているが、都賀庭鐘との接点はない。この刊記にあるメンバーでは渋川（柏原屋）清右衛門、荒木（柏原屋）佐兵衛や京都の斎藤（銭屋）庄兵衛などの方がそれまで実際の出板にかかわった経験を持っている。

実際、大坂の「板木総目録株帳」には、「［相］敦九、柏与、柏清、河八、稲佐、藤弥、敦九、象治」とあり、敦九こと敦賀屋九兵衛は代表者ではあるが、柏清こと柏原屋清右衛門などがメンバーに入っている相合板である。この板木目録は初版初刷が出たときのものでなく、江戸末期のものなので、メンバーはいくつか入れ替わっている。それでも、都賀庭鐘とつながっていた柏原屋清右衛門らの協力を得てつくられたことは裏付けられる。

京都の記録「上組済帳標目」の安永十年（一七八一）に「康熙字典出板に付風月・吉作両家より口上書」とあり、その内容まではわからないが、風月が京都で何らかの役割をしたことがうかがえる。しかし、相合板は大坂の本屋だけで、京都はからんでいないと思われる。また、江戸の割印帳に「売出　山崎金兵衛」とあり、江戸の売り出しは山崎金兵衛が主として担ったようで、あくまでも販売の協力であって板賃が発生する相合ではない。

このように、相合板というのは、板株の共有であり、これが成り立つには配当としての板賃の約束事が付随していなければならない。しかも、板株の所有割合が本屋行事に申請されており、仲間はその台帳を保管していた。この関係が明確でない限り、何でも相合というわけにはいかない。刊記にどれだけ本屋の名が記されていようと、史料的な裏づけがないと相合板とはいいきれないのだ。

そのとき、都市を越えた本屋間でも売買されるので、京・大坂の間ではよく相合の関係になることもあるが、江戸の本屋と上方の本屋で相合株を持ち合うのは稀である。相合の盛んになった天保以降の帳面である大坂の「板木総目録株帳」を見ても数は非常に少ない。しかし、これから紹介する本居宣長の著作物については、伊勢と京都の本屋の相合が見られた。

本居宣長十点セットのゆくえ

板株を売買することで板木の流動性がうながされ、さらに株が分割されて取引が細分化していく。そのような様子は『藤井文政堂板木売買文書』で明らかになる。これは、京都で江戸時代後期から盛んに活動した本屋・山城屋佐兵衛（現在も藤井文政堂として開業している）の記録で、大量の板木とともに板木関係の文書も残されていた。この文書から、板株の譲渡や売買のほかに、引当（株を抵当に差し入れる）して借金をするケースもあることがわかる。もし、質流れとなったときは、実際に板木を渡してしまう事例もあった。出版権が板木を根拠とした株になっていたからおきることである。

この文書で興味深いのは、本居宣長の著作「本居物」の板木が一括して売買されていた実態である。本居宣長の著作の権利は、基本的に鈴屋蔵板として本居家にあり、名古屋の永楽屋東四郎などがかかわってきたが、それとは別に板木がセットで売買された経緯があった。

文政十二年（一八二九）二月に京都の本屋・銭屋利兵衛から蓍屋勘兵衛に、宣長の著作ばかり十点、板木七十八枚が銀四千五百匁（およそ金七十五両）で売り渡されたことから始まる。『字音仮字用格』、『国号考』、『漢字三音考』といったおのおの一、二冊の論考である。宣長には『古事記伝』、『玉勝間』などの大部な著作もあるが、今回のは板木七十八枚と荷車一台で運べる量で、なおかつよく売れる著作十点がセットになっていたのだ。

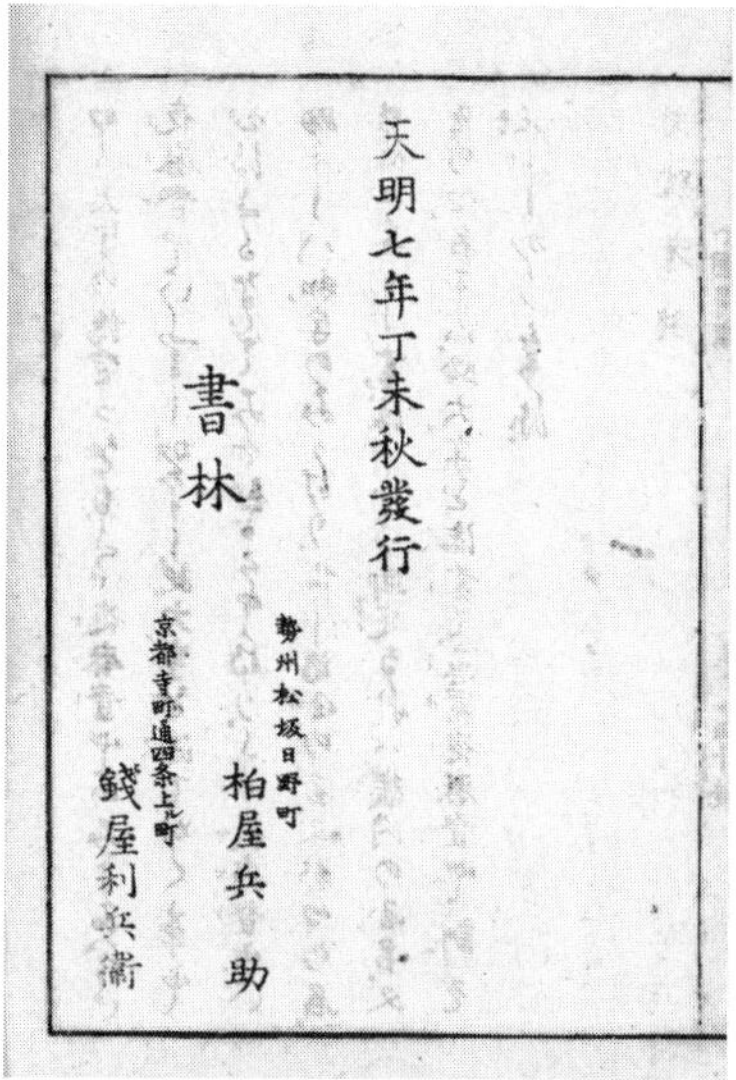

図19　本居宣長『国号考』の初刷の刊記。この銭屋利兵衛が板木を手放した

図19のように『国号考』の最初の刊記は天明七年（一七八七）に伊勢の柏屋兵助と京都・銭屋利兵衛の二軒連記となっている。後の九点も何らかの形で初刷り本には柏屋兵助と銭屋利兵衛の連名となっており、少なくともここに出てくる十点セットはこの二軒が相合板の関係となって最初に出版したことがわかっている。

柏屋兵助は宣長と親しく、その出版の実務を担った。ただし伊勢の本屋なのでそのままでは全国流通することができない。本屋仲間への開板申請や添章入手のために銭屋と共同にしたのである。実際に板木を半分ずつ所有していた相合板である。文政十二年に売りに出されたのはその銭屋の持ち分で、それが著屋に売られたのだ。ところが著屋は翌文政十三年十月にはそっくり山城屋佐兵衛ら六軒の本屋に六千五百匁で転売してしまった。十点セット以外の別の著者の板木三点が加わっているとはいえ、短期間にずいぶん儲けた。

山城屋佐兵衛らは共同購入の仲間をつのり、いわば「本居講」のようにして六軒で持ち合った。半株を六等分するので、個々の店は全体の十二分の一の相合株を所有したことになる。その後、伊勢の柏屋兵助も幕末には板木を手放したらしく、明治初期にかかる後刷り本の刊記から名が消えている。山城屋などの本居講の分も転売されたので、所有者は大きく変化した。江戸末期から明治初期、本居宣長は最も売れる著者だった。だから板木が盛んに転売されたのだ。

本替という特殊な商法

出版権が株になっていて、それがしきりに転売されたり、分割されたりというだけでも特殊な出版方法だが、これ以外にもほかの業種とは異なった商習慣があった。その取引方法が「本替(ほんがえ)」である。

取引関係が密接な本屋相互の精算は、盆暮れの節季ごとに売買貸借を差し引いて行っていた（江戸では二ヶ月に一回）。本屋は現代でいう出版・取次・小売を一軒でこなすので、自店の出版物を他店で売ってもらう一方、他の店の新刊を買い取って卸売や小売をする。板元にあたる店は販売書店に売価（建値）の八掛けで卸すのが通常の取引である。たとえば一冊銀二匁で市販する本なら一匁六分で仕切る。しかし、そもそも建値とはいうものの「定価」ではないので、どこでも一律同じ価格で売っているわけではない。値引きなどの交渉で細部には価格が複雑なところがある。本屋間の売買は錯綜(さくそう)していくので、実際にはその支払いをいちいち取引があるたびにおこしていくのでなく、精算時に売買を通算して差し引きするようにした。その勘定尻を金銀の授受でなく品物で決済する方法が本替である。

とくに都市を越えたときは、為替の便宜が発達していたとはいえ、品物でプラスマイナスゼロにしてリスクを小さくする方法がとられた。これは原始的な物々交換なのではなく、余計な資金の移動を最小限にする合理的な商習慣である。ヨーロッパでも交換取引の仕組みが十七、八世紀にあったようだが、しだいに出版と販売が分離されるにしたがって減っていく。

自店の在庫が現金がわりになるのはありがたいことである。自店の発行本は仕切り値より安い原価でつくったのだから、他店からの仕入れも実質上、通常の掛けより安く入手できることになるからだ。現代では新刊の販売の多くは委託制度で、売れ残った本は返品ができ、売れた分だけ精算する方法をとっている。そうした制度がなかった時代、本替のおかげで各店は現金を用意せずに一定の品揃えができる利点もあった。本を交換するという発想は現代の古書店でも生きており、古書の市場のことを別名交換会というのがそれである。金銭は売買差し引きで行われる。

このような仕組みを総合的に考えていくと、相合板は同じ都市内部で資金調達を容易にし、重い資産負担を軽減させる経済的な利得があった。資本的に弱小な業界にあって、大部な書物や複雑な版式の本でも刊行できるようになる。それに対して三都間では板木を持ち合うより、本替の仕組みを利用して販売面で協力し合うことのほうがよい。それが流通の大きな力になったのだ。江戸中期以降の盛んな出版活動は、この相合や本替による資金的なつながりが本屋間にあったからといっても過言ではない。

この仕組みは江戸時代前期からあって、とくに京・大坂間の取引から始まったようだ。おそらく大坂で出版が軌道に乗る十七世紀末からではないだろうか。それまでは、大坂では自力での出版物がないので代替する対象の本を持たなかった。出版を開始して一定の資産ができた時期から、京坂の本屋間で本替が始まる条件が整ったとみられる。

梅薗堂こと都の錦による元禄十五年（一七〇二）刊の浮世草子『元禄大平記』に「大坂の本屋は京江のぼりて本替してかへる。京都の書林は大坂へ本替にとて、一所につれだちくだる折から」と出てくるので遅くとも十八世紀初頭には慣習化したと思われる。京坂間で本屋が行き来しながら、自分のところの手持ち本と相手の本とを交換すると同時に自分の新刊本を宣伝し、かわりに先方の本を何部請け負うといった商談をして歩いたのだった。

京坂間ではこのような関係ができてきたが、行き過ぎもあった。享保十四年（一七二九）のこと、大坂の本屋仲間が他国の新刊書は「入銀買」をせず「本替」のみにすると配下の本屋に貼り紙をした。すべて現金取引をやめて、本替だけで取引するというのである。これには、京都の本屋が猛然と抗議してやめさせた。そのような記録があることからして、江戸時代中期、後期を通して普遍的な取引方法であったといえよう。しかし江戸と上方の間の取引でこの仕組みが導入されるのは遅れた。

三都間の取引は増大してきたが、本替に江戸の本屋が入っていくのは、現存する記録から十八世紀半ば過ぎの宝暦期からではないだろうか。急速に実力をつけてきた江戸の本屋の出版物は、十分に上方でも通用するばかりでなく、逆に需要も増大していったからだ。

その時期からそう遠くない明和九年(一七七二)からの風月庄左衛門の日記で、もっとはっきり本替の実情がわかってくる。それを拾っていくと江戸の西村屋源六へ卸す本と本替の件で相談したとか、須原屋新兵衛との本替用の本を蔵から店へ出したなどの記述が出てくる。とくに親密だった須原屋茂兵衛へは本を海路大回しの便に出したとあり、それを本替帳につけたことがわかる。

江戸時代の後期になると、本替が相合板の考えに近くなる。相合は株に応じた板賃の配当を伴うので、江戸と上方で契約を結んで実行するのは面倒だったが、本替を併用すれば容易になる。たとえば、曲亭馬琴の戯作を江戸の本屋が制作刊行した分と、同大坂の本屋が制作刊行したものを金銭ではなく、本の実物で交換する方法である。同じ部数だけ荷物のやりとりをするのである。実際は人気作家とそうでもない作家の作品を等量にするわけにはいかず、その割合を計算して部数の調節をすることになるので少々面倒である。そのため、そのほかの本にまでこの方法が行き渡った形跡はない。一般的ではなかったと思われる。

進化しすぎた江戸の出版

江戸末期から明治初年まで、書物の量はピークに達した。そのときに刊行された新刊書の数だけではない。和本は板木が後々まで取引されて残るので、過去の本が資産として積み重なってくる。それで増刷される分を加算して考える。そのうえ本屋の棚揃いに古本や唐本、書画、錦絵（にしきえ）、地図まで加わるので、蓄積された量は膨大になる。だから千年以上続いた日本の書物は、ここでピークを迎えたのである。

そこには、とことんその仕組みを複雑化させてきた本屋の姿があった。だが、極端な進化は、滅亡の予兆でもあった。明治に入っても、しばらくは旧来の本屋がそのやり方で本を発行し、売り続けていたが、一方で、まったく別の考えで出版社ができてきた。西欧風の装訂、洋紙に活版印刷、墨で刷るのでなくインクを使ったプレス印刷が始まった。富国強兵の政策を受けて内容も西欧風に切り替わっていく。明治十年代から始まったこの変化が、明治二十年には、新刊書のうち洋装本が和装本を上回って新会社の勝利に終わる。それを境に一気に時代は変わった。

明治二十年代以降の出版では、出版権が株になることはもうなくなった。まして、それを証券化して売買できることもない。複数の出版社が共同で刊行することは、稀にはありうるが、それが出版物の半分以上になるようなことはもう二度となかった。同時に、出版社と販売店が別になった。出版社は直接顧客に本や雑誌を売るのでなく、書店で売るのが常態となった。販売店も新本と古本が分離された。以来、今日にいたる。

その時代の変化を象徴する出来事があった。大坂で一大勢力を持っていた河内屋(かわちや)一統の筆頭である河内屋喜兵衛(きへえ)(後の柳原(やなぎはら)書店)が倒産の危機に立ったのだ。この店では、江戸時代後期からしきりに江戸や京の板木を買い集めていた。明治になってもまだ大量に板木を買い付けていた。しかし、明治十年代に入って、店の経営が思わしくなくなってこれらを手放さざるをえなくなり、すべてを板木市に売りに出した。そのときは三日がかりの入札になったと当時の本屋の手記にある。跡継ぎのことから経営難になったためといわれているが、実は時代の変化により古い板木をいくらかかえても商売にならなくなってきていたのだ。それと同じことが、ほかの本屋でもおきており、江戸時代二百年以上続いていたような老舗(しにせ)が次々と消えていった。

「近代社会」への対応ができなかったからといえば、それまでだが、こうして「近世」をつぶした「近代」とは何かと考えていかなければならないのではないか。

そのひとつに近世までの書物を読めない社会にしてしまったことがあげられる。江戸時代まで平仮名は一音一字ではなかった。同じ音にいくつもの平仮名があったのだ。それを明治期に一音一字に決めてしまい、それ以外を「変体仮名」と名付けて、教育の場から追放してしまった。平仮名は草書体からきている。そのため、平仮名漢字交じり文というのは、全体がくずし字で書かれるというのが原則だった。その字のくずし方についての教育もしなくなった。その結果、同じ日本人でありながら古い本が読めなくなってしまったのだ。

現在、江戸時代以前の文学や思想、宗教などの「古典」をさまざまな活字媒体で読むことはできる。古典文学全集、日本思想何がしなどと称していくつもの本ができている。しかし、それは「すぐれたもの」と判断された作品だけである。そこから排除された著作物はどうなるのだろう。変体仮名やくずし字が読めないので、せっかく実物の和本があっても利用されない。結局、限られたものを「古典」と称してあてがわれただけで「文化」といってきた。近代以降の社会が、和本をいったんは「切り捨て」しまったのだ。

第五章　揺れ動く〈本〉と〈草〉

正規の〈本〉と大衆の〈草〉

物之本と草紙

書物の世界を語るとき、それを享受する読者層の広がりをどうとらえるか、ということが重要になる。ここでは読者層を、専門書を読むごく限られた少数のエリートと、内容の専門性が低くなるにしたがって数の増える一団からなる、というようにとらえる。その分布を図形で示すと、上は尖った頂点で、下方にいくに従って幅が広くなるという単純な三角形になる。この形は時代を超えて保たれるが、年代が進むにしたがってそのサイズは大きくなり読書人口は増大し続け、それがつねに下方に向かって伸びていく。

この読者層に書物の側から仮に名称を付けると、正統的でプロフェッショナルな書物という広いくくりで考えられる一群をカテゴリーAとする。それに対して、格下で大衆的なレベルのものをカテゴリーBとする。このAとBの書物群は、読者層の三角形のどこかで境目を形成しながら対応する。ただし、AともBとも見分けられない曖味（まい）な書物もたくさん存在するので、くっきりとした境目でなくグラデーションのように色が変わっていくイメージである。

近世初期、商業印刷が始まってから、仮名書きの本（平仮名交じり文）も出版されるようになったことが画期的だったことを第三章で述べた。それまで仮名の本のうち、中世までに成立した物語や随筆、歌集などの作品は写本でしか読めなかった。それが〈古典〉として刊行されるようになったのだ。それでも十七世紀前半は、漢文、もしくはその読み下しというべき片仮名交じり文の本、つまり仏書、漢籍の翻刻、医学書、漢文体の国史などが出版の主流だったことに変わりはない。この時期においてはそれがカテゴリーAにあたる。

同じ時期、唱導（しょうどう）文学だった各種の語り物も文字化されて出版されるようになった。軍記物やお伽草子（とぎぞうし）、浄瑠璃（じょうるり）などである。そこへさらに書き下ろしの「現代文芸」が生まれたことも画期的だった。十七世紀中に成立した仮名書きの本を総称して「仮名草子」ということも前述した。ジャンルは小説から地誌や実用書まで含む広いものである。これらの本がこの時期のカテゴリーBにあたる。

室町時代頃から江戸時代にかけて、カテゴリーAに相当するような書物を「物之本」と呼んでいた。それより格下のカテゴリーBの書物を「草紙」といった。近世の間中この二者は、呼称を変えることはあったが、つねに区分けされて考えられてきた。

書物屋、書林、書店、またはただの本屋といったら物之本屋であった。それに対して浄瑠璃本屋、草紙屋、地本屋、絵草子屋、小草紙屋などと呼ばれたのが格下の店で、大きく草紙屋と呼ばれた。この両者は、出版の考え方も、本の売り方も組織上も異にしていた。草紙屋側はつねに物之本屋の下位に甘んじてきたのだ。

今日、書物＝本というのがきわめてふつうの用語である。したがって、本書でも、書物と本は同義語として用いてきた。本章では少し見方を変えて、とくに「本」の語の使い方をより限定したい。「本」がそのまま書物のことを指して違和感がなくなるのは江戸時代の中頃からである。

〈本〉という語は本物、大本という意味である。樹木の根、つまり根本である。だから「物之本」とは本格的な書物という意味があった。一方の草紙、つまり〈草〉は格下の存在、根無し草のことである。プロに対するアマチュア、玄人と素人ほどの違いがあった。物之本は、十六世紀の清原国賢が書いた『荘子抄』に「物の本」とあるのが古い用例である。十六世紀後半にキリスト教の宣教師がつくった『日葡辞書』にもMONONOFONが書物、双紙soxiが日本のやさしい言葉で書かれた歌や物語の書物と出ている。

この〈本〉と〈草〉が先ほどのカテゴリーAとBに対応する。日本における書物観を考える場合、〈本〉と〈草〉の関係を明確化する必要があると私はつねづね考えていた。その全貌（ぜんぼう）を今ここで明らかにすることはとうていできないが、何が〈本〉であり何が〈草〉なのか、その境界はどうなっているか、それが時代によってどう変わっていったのか（あるいは変わっていないものはないか）ということを考えてみる。とりわけ、〈草〉の底辺を形成するのがどのような人たちなのか、それに対応する書物とはどんなものだろうかを考えることが必要だ。日本と同根の書物文化を持つ中国や韓国とは異なった変転を続けてきており、日本の書物の独自性を知ることにもなろう。

平安時代の正式な書物の姿は真名（まな）で書かれた巻子だった。巻子には「こうであるべきだ」という規範性が強かった。それに対して物語のような草子は、仮名で書かれた冊子が多かった。規範が弱いので仮名で書こうが、冊子に仕立てようが自由だった。この巻子と草子が平安時代の〈本〉と〈草〉であったことを第一章で述べた。

逆に江戸時代後期、平安の物語は〈本〉の側の上に古典として鎮座するようになり、下方には今日のコミックと同じような絵で語る草双紙が蔓延（まんえん）し、町の男女の悲恋物語や遊郭の遊びなどが大衆本として巷（ちまた）にあふれるようになった。一万部を超えるベストセラーも出て、しかも今と違って貸本や古本の回し読みという形で、何人もの人が同じ本を読むので、現代の十万部以上の浸透力があった。読み書き能力の普及に伴って、どんな村や町でも本を読む人が存在し、広大な裾野（すその）ができあがった。

読者層を成す三角形は八百年かけてきわめて大きくなるのだが、ただ単純に時代とともに増大していったのでなく、揺れ動きながら変化してきた。それは平安に始まり、中世から江戸時代、さらには今日まで続いているのである。

本章では、この書物の広がりと発展を、〈本〉と〈草〉という関係の位相の変化から述べようと思う。位相が変わるというのは、〈本〉に対する〈草〉の相対的な関係が時代によって変わっていくということである。その振幅は案外に大きい。三角形の底辺では〈草〉の層がつねに混沌（こんとん）から生成を繰り返しており、それまで〈草〉にあったものが〈本〉に昇華していく過程もあった。その結果、境界を変転させていくだけでなく、読者層の下方への広がりと拡大を促していった。そこに〈草〉のしたたかな根強さが感じ取れるだろう。〈本〉の層はそのエネルギーをもらい受ける形で維持されてきたともいえる。

まずは、〈草〉の変遷を追ってみよう。草紙は、草子と冊子、双紙いろいろな字を書くが、発音は同じ〈さうし〉である。意味も同じである。変わるのは、どの漢字をあてるかでなく、何を〈さうし〉といったかである。

草紙の原点、絵巻の世界

平安時代の〈本〉と〈草〉の関係には、もうひとつ重要な要素がある。それは物語を絵との組み合わせで見せることが可能だった点だ。単なる挿絵でなく、情景を描くことで物語と同時進行していく、そういう見せ方の極致が絵巻である。物語そのものは冊子に仕立てたが、絵入りの物語は巻子にした。絵と詞書（ことばがき）を組み合わせた手法は、一葉ごとにめくっていく冊子形式より継紙にして巻いていくほうがはるかに向いていたからだ。

絵が入ることの意義は大変大きい。物之本でも絵入りの本はたくさんできたが、それは図示すること、つまり言葉だけでは表現しきれない説明を絵でよりわかりやすくするという使い方だった。そこでは文と絵が併用されていた。それに対して、〈草〉の絵は、必ずしも説明的ではない。イメージを膨らませることが目的で、場合によっては作者の意図と関係のないところで絵が用いられていたりする。

この絵入りの物語づくりは早くからおこなわれていたようで、現存するものとしては八世紀の『過去現在因果経絵巻』が古い。それ以来いくつもの絵巻ができたが、摂関期の物語作品はあいにく現存しない。とはいえ、その具体的な様子は、『源氏物語』の「絵合（えあわせ）」の巻にはっきり出てくるので、十一世紀にも盛んにつくられたことは明らかである。『源氏物語』絵合の「合」というのは、歌合のように二組に分かれて競うことである。あるとき帝の寵愛（ちょうあい）をめぐって光源氏と権中納言が左右に分かれて物語絵について争うことになった。

物語の出で来はじめの祖なる『竹取の翁』に『宇津保の俊蔭』を合はせて争ふ。……（竹取は）絵は、巨勢の相覧、手は紀貫之書けり。紙屋紙に唐の綺をばいして、赤紫の表紙、紫檀の軸、世の常の装ひなり。俊蔭は……白き色紙、青き表紙、黄なる玉の軸なり。絵は、常則、手は、道風なれば、今めかしうをかしげに、目もかかやくまで見ゆ。

物語の祖と当時から評価されていた「竹取の翁」の物語（『竹取物語』のこと）は巨勢相覧が絵を描き、文字は紀貫之が書いており、紙は紙屋院のものを使い、唐風の紐のついた赤紫色の絹表紙に紫檀の軸を使った巻子に仕立てた、当時としてはふつうの装訂である。

対する「俊蔭」（『宇津保物語』の俊蔭の巻。それが当時の呼び名）は白っぽい色紙、青色の表紙、黄色をした玉の軸で、絵は飛鳥部常則、書き手は小野道風。その様子は今風で輝かしく見える、といっている。続いて『伊勢物かたり』と『正三位』でも争ったが、なかなか勝負はつかなかった。絵合の最後になって、源氏は自ら描いた「須磨・明石」の絵巻を出してきた。これには中納言も脱帽して左方、源氏の勝ちとなった。

いずれも見事な絵巻である。このような催しが実在したかどうかは疑わしく、ここに出てきたのは架空の絵巻かもしれないが、竹取や俊蔭は実在した可能性がある。紀貫之や小野道風が生きていた十世紀後半頃にはいくつかの物語を題材とした絵巻が実際にできていた可能性があるのだ。飛鳥部常則も実在した画家であるし、巨勢相覧も宮廷画家だった。『栄花物語』に載った長保元年（九九九）の藤原道長の娘彰子が入内するときに十二ヶ月の風物を題材とした月次屏風がつくられたが、それには飛鳥部常則が絵を描き、藤原行成の書で道長以下主要な公卿が歌を寄せたというものだ。しかし、いずれも残念ながら今は残っていない。

　現存する絵巻物は平安時代末期になってからのもので、応天門の変を題材にした『伴大納言絵詞』、十二世紀頃の『信貴山縁起絵巻』、高山寺に残る『鳥獣人物戯画』（十二～十三世紀か）などがよく知られている。『源氏物語絵巻』も十二世紀頃の遺品が残っている。『葉月物語』と名付けられた二組の複雑な恋愛物語を題材にした物語を絵画化した絵巻もその頃である。いずれも『源氏物語』が書かれたときから百年以上後のものばかりである。しかし、伝存していないだけで実在の可能性はあるだろう。少なくとも物語と絵を同時に楽しむ風は十一世紀にもあったに違いない。

〈草〉に継がれる時空表現

絵巻は、基本的に絵と詞書が交互に書かれ、文と画像を鑑賞するようにできている。

図20　絵巻はこうして床に置いて斜め上から見る。人の肩幅くらいずつ広げていく

文を読むことを主に考えると絵は挿絵のような従の位置づけになるが、絵巻はむしろ、絵が主体で詞書は従である。現存する最古の『源氏物語絵巻』の詞書が原文と比べると大幅に省略されているのもそのことを意味していよう。

その特徴は時間の流れを追いながら、同時に空間の広がりも見せてくれるところにある。巻物の見方は図20のように人の肩幅くらい、つまりおよそ六十センチメートルずつ広げていく。それは、絵巻がそのように見られることを前提につくられているからである。

部屋に置いて、床に座ると斜め上の角度から見ることになる。それを計算に入れて、絵は斜め上空から下を眺めた俯瞰描写になっているものが多い。部屋の中のシーンであっても、五、六メートルくらい上空から、屋根や天井を透視して覗いたように見せている。人物はその割合以上に少し大きめに描いているので、そのしぐさや表情が読み取れる。

もちろん水平の位置からの描写も欠かせない。絵巻の自由度は、この俯瞰と水平の構図を一枚の絵にしてしまうことにも表れている。男が訪ねて建物に近づくのを俯瞰で描き、中では女性が複雑な心理状態にあることを水平の絵で表現するといった方法が可能だ。

巻物の大きさは『源氏物語絵巻』のように天地が二十センチメートルほどの小ぶりなものもあるが、基本的に十二世紀頃から近世までのほとんどが三十センチメートルから四十センチメートル未満の寸法である。これは供給される紙の大きさによるが、床に置いて座って見たときに人間の視覚にちょうどよい寸法だということでもある。

ひとつの絵の縦と横の比率は、広げて見たときに人の肩幅くらいに入るのを基準とすると最近のテレビのようにやや横長の比率十六対九のような感じである。絵巻のよさは、これにとらわれずに左右をもっと長く描くことも自由であるところだ。大きなものを人が追いかけたり、大勢の人が群がっているさまなどは、横に広がると躍動感や迫力が出る。群衆が驚くさまをカメラが移動しながら追っていく映画的手法と同じである。テクニックとしての遠近法はできていないが、遠近感を出そうという試みがなされている。

図21　お伽草子の絵巻『酒飯論』　酒造りをする傍で悪酔いしている者がいる。これも異時同図法の形である

さらに、一枚の長い絵に同じ人物が二度出てくることが許されており、動きや時間の流れを表現する。これを「異時同図法」というが、日本の絵巻が発明した手法といってよい。たとえば、絵の右側では男が訪ねて建物に近づく画面を描き、左側にはその男がすでに部屋に入っていて女性と接している、というふうである。巻物だから、広げながら時間軸を追うことで空間が繰り広げるさまざまな事態が体験できる仕組みになる。これが、日本のアニメーションの発達に大きく寄与したところだと私は思う。

このように巻子、とくに絵巻の妙味は、自分で開きながら流れるように見ていくところにある。しかも、速度を加減しながら、じっくり見たいところはゆっくり、すぐ次に進みたいときは早回しにしてよい。

詞書のところは声を出して読む。話が展開していく物語の絵巻は、詞書が音読されたはずである。それが今日の映像作品のナレーションの役を果たす。その組み合わせは今日でいうと映画を見る感覚である。実写でないという意味ではアニメに近い。あるいは無声映画と弁士の語りの関係ともいえるかもしれない。しだいに工夫がこらされて絵の中に文字を入れて解説したり、人物のせりふを入れたりする「画中詞」という技法も出てくる。こうなるとまさに漫画（コミック）の起源である。

本来、書物は「くくる」、「めくる」、「音読する」など、ただ目で追うだけでなく、筋肉を使い五感を動員するという身体性を持っている。身体を使って「読む」のである。それが時間とともにゆっくり流れていく。絵巻はとりわけその身体性そのものである。絵巻の中の時空と読書の時空が、鑑賞する人の身体によって一体化されていくのである。

書物を「読む」一辺倒でとらえてしまうと、この絵巻のような使い方が見過ごされてしまう。著名な作品は巻物にした複製ができているので、それを人の肩幅ずつ広げながら時空の流れを調整しつつ鑑賞することをおすすめする。

このように絵巻は、その美しさ、壮大な仕掛けにおいて他国に見られない魅力にあふれた書物である。書物に絵を入れることは、西洋にも古くからあったし、教会の絵は聖書の教えを物語風に見せるようになっている。しかし、日本のようなスクロールする絵巻物はない。中国でも画巻といって唐代から絵を巻子にすることはあった。有名な『清明上河図』は都市の景観を余すところなく描いて壮観だが、空間軸が中心で時間軸が少ないので物語的展開が弱い。日本独自に発達した絵巻は、世界でも独特な時空表現で構成された書物なのだ。

絵巻は、カテゴリーとしては本来、〈草〉の側の書物である。しかし、現在は美術品として高い評価を受けるし、当時も豪華な絵は、しかるべき絵師が描いて貴族や上級武士層が享受したので、けっして安いものではなかった。それが近世になって印刷で表現できるようになった頃から、大衆本の表現方法になったのだった。〈本〉と〈草〉の位相が変わるという視点で見ると、江戸時代になってもつくり続けられてきた絵巻や、一流の絵師が描いた絵本類は上物で〈本〉の側だが、長い絵巻物の歴史で培われた手法は、その後の〈草〉の側の安い書物の中で飛躍的に発展していく。ここで培われた手法は連綿として続いてきており、「画中詞」を中心に構成された赤本・黒本に始まり、「異時同図法」は合巻になっても使われる。このジャンルについて後でまたふれることにする。

形のない中世の〈草〉

第二章で述べたように、学侶を頂点とした寺社の学問や寺院の出版事業が中世における〈本〉の世界を形成していた。その五百年間に及ぶ積み重ねは膨大なもので、公家や武家を圧倒していた。それに対して、寺社の末端にいた聖などの層が担ったのが〈草〉である。ただし、〈草〉は必ずしも書物の形をしていないこともあった。

日本における演劇の発達は、古代の舞や踊りから始まっている。身体的な動作が民俗的な儀礼の中で果たす役割は、超自然的な力の象徴的な表現であろう。それが職能化して寺社と結びつく。

中世の寺院の下層にいて寺社に出入りする聖や神人は、商人でもあり芸能者でもあった。この人たちは、寺社に隷属する一方、特権も与えられていて各地を放浪した。中世の寺社がしだいに民衆教化や救済に向かったことも関係しているだろう、その末端を担っていた。彼らがおこなう教化のための語りを説経とか唱導といった。それに身振りや音曲を加えていくことで、より大衆化した。たとえば、教えを絵解きしながら説いていくのを琵琶弾きが担ったのもそのひとつである。琵琶法師ともいわれる彼らが『平家物語』を弾き語りしたのはよく知られているとおりである。

唱導がより俗化していくと、仏教の教理より寺社の縁起や神仏の霊験を物語にするようになった。内容は中世の本地垂迹説からきており、これを本地物といった。日本の神は仏・菩薩が衆生を救うために姿を変えてあらわれた、というのが本地垂迹説だが、語り物は、それにもとづいて人間界で苦難を経た後、霊験あらたかな神仏に転生(しょう)するという縁起を題材とした。こうした話の原型は南北朝時代には成立したといわれる。

たとえば『熊野(くまの)の本地(ほんじ)』では、昔天竺(てんじく)の王の後宮に千人の女性がいたが子供ができなかった。千人目の女御(にょうご)がようやく懐妊したが、ほかの女たちに疎まれて首を切られてしまう。殺される直前に子供が生まれ、首のない胴体からはとめどもなく乳が出て王子は成長した。はかなんだ王はその王子を連れ、国を離れて熊野に飛んだ。その殺された女御の首が熊野権現の本尊だったという話である。『さんせう太夫(だゆう)』は丹後の金焼(かなやき)地蔵の本地物だし、『しんとく丸』は四天王寺(してんのうじ)と清水(きよみず)観音が関係する。

中世の間は、こうした動作を伴う語り物が書物になって普及することはなかった。文字として残ることは稀だったのだ。いずれも原作があってそれを基に作品にしていったのではなく、遊芸民たちの語り物の中で育ってきたものなので文字化はずっと遅れた。これらがテキストとして読めるようになるのは、ほとんどが中世の末か近世に入ってからである。ただ、これらが後の時代でいう演劇に昇華していくので、文字はなくとも、その内容は数百年かけて残されていった。

本地物は、説経節(せっきょうぶし)や祭文(さいもん)となって簓(ささら)や鉦(かね)などを伴奏にして舞を踊りながら各地の寺社を回っていた。これらを担ったのは下級の陰陽師(おんみょうじ)である声聞師(しょもじ)や修験者(しゅげんじゃ)（山伏）などの遊芸民だったが、室町時代末期には三味線の普及により芸域が広がり、語りの数れて今日にいたっている。

も増えてそれが浄瑠璃を生んだといわれている。また、興福寺などの猿楽(さるがく)から発展した能も広い意味で寺社末端の芸能で、室町時代から江戸時代まで上級の武士に支持されて今日にいたっている。

お伽草子と奈良絵本

『平家物語』、『義経記(ぎけいき)』などの軍記物は比較的古い写本を残しているが、現存する諸本は、内容の異なるものが多い。原作が先にあったのでなく語りの中から文字化されたので異本が多数あるのだ。文体も、平仮名交じり文、片仮名交じり文の双方があるなど安定しない。

その中で室町時代の十四世紀中頃以降成立した短編物語類を今日、お伽草子と呼んでいる。以前は室町小説とか室町物語などの名がついたが、ようやくこの用語に落ち着いた。これは学術用語で、中世の人が呼んだ名ではない。しいていうと江戸時代の享保年間（一七一六～三六）に大坂の渋川清右衛門(しぶかわせいえもん)という本屋が出した『文正草子(ぶんしょうそうし)』、『鉢(はち)かづき』、『酒呑童子(しゅてんどうじ)』（大江山絵詞）などの全二十三編から成るシリーズものに「御伽文庫」（図22）と名付けたことから始まる言葉といえよう。

今日、お伽草子は四百点ほど知られている（似たような話があるので作品数としては未定）。お伽草子の定義は、元の話が中世の間に生まれたというものだが、現存するそれらの作品の多くは、後世に文字化された。あるいは江戸時代になって印刷本で初めて知られるものや浄瑠璃などの演目から知られることもある。

中には粗雑な写本もあるが、とりわけ豪華な絵物語に仕立てたものもある。室町時代中期から江戸時代前期にかけて、お伽草子などをもとに優雅な絵物語に仕立てた書物を奈良絵本（ならえほん）と呼ぶ。お伽草子以外にも、『源氏物語』や『住吉物語』などの古典もつくられた。中には金銀を交じえた大和絵風の極彩色本まであった。上等なものは御所や将軍家、公家、上級の武士たち及びその婦女子のために提供された。この奈良絵という用語も近代以降の呼称である。奈良にあった絵所で描かれたからともいわれているが、室町時代にも江戸時代にも実際に使われた言葉ではない。

お伽草子は絵巻にしたものと冊子にしたものの両方が制作されたが、文と絵が交互にあらわれる伝統的な絵巻の構成を踏襲している。冊子のものは、縦長本と横長の本の二種類があった。横長の本が多いのは、絵巻の絵のように横に長い絵を見せるためである。縦長の本は、見開きで入るのがふつうである。冊子は絵巻に比べて時空の空間構成に迫力を欠くという意味での制約がある。それでも冊子の奈良絵は、後の絵入（えいり）本（挿絵を入れた本）に与えた影響が大きく、近世版本の基本形となった。

この室町風の絵巻を支えたのは内裏や幕府で、たとえば、十五世紀初頭に伏見宮貞成（ふしみのみやさだふさ）親王は「伴大納言絵巻」、「吉備大臣入唐絵巻（きびだいじんにっとうえまき）」、「彦火々出見尊絵詞（ひこほほでみのみことえことば）」など数多くの

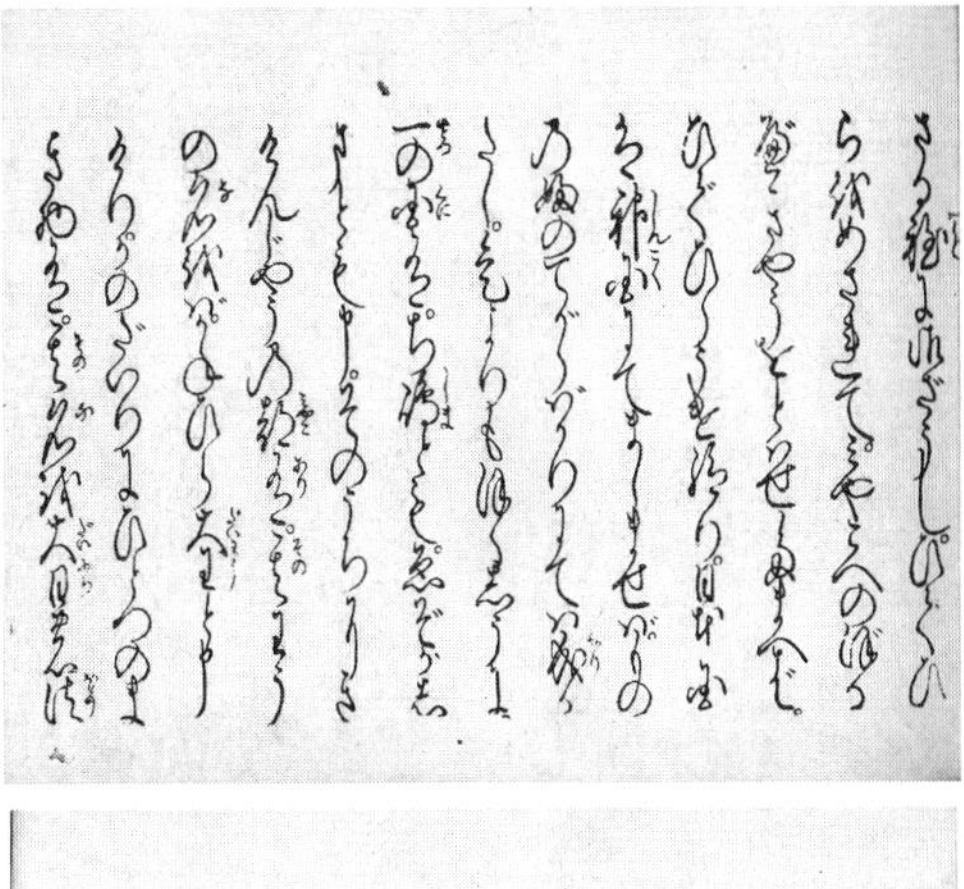

図22　渋川版御伽文庫の『御曹子しま渡り』

絵巻を見ているほか、周辺では数多くの絵巻が制作されたとその日記『看聞日記』に書いている。

室町殿と呼ばれた歴代の足利将軍も絵巻にとりつかれた人たちである。足利尊氏以来の将軍家の収集は相当な量に及んだ。その中でも九代目の足利義尚はマニアックなほどに愛好し、十七歳のときには、寝食を忘れて二十六巻を一気に鑑賞したという記録がある。巻物は面倒なもので、広げて見た後、またきれいに巻き戻していかなければならない。二十六巻を見るのは大変なことで、そうまでして気に入った絵巻を手元に残した。これを何度も繰り返したので、こうした行為を絵巻狩りなどといったという。

こうして絵巻制作で技量を高めていった絵師や職人たちがつくった奈良絵本は、江戸時代前期まで「絵草子」ともいった。当初は奈良の絵所で描いたといわれるが、多くは京都でつくられたと思われる。絵師は絵屋といわれ、京都にいたからである。今でも古書の市場によく出てくるが、その中で寛文・延宝年間（一六六一～八一）と思われる大型の奈良絵本『すみよし物語』（平成十九年『古典籍展観大入札会目録』）の巻末には、「烏丸通桜馬場町　御絵双紙屋　大和大極」という印の記述があった。ここが制作を担ったのか販売だけだったのかはわからないが、「御絵双紙屋」といっており、「大和大極」はその屋号だろう。貞享元年（一六八四）に出た京都の地誌『雍州府志』に草子とは「仮名の俗なる文をいい、それに絵を加えたものを絵草子という」とあって絵草子を扱う店が烏丸二条北にあったという記述がある。その店がここかどうかは明らかでないが、これまでの報告では「御ゑさうしや　天下一　小泉やまと」「ころう町通り　五郎左衛門　絵さうし屋」などと書かれた印が捺されている本があり、いくつかの絵草子屋が確認できる。江戸時代前期では、絵草子屋は豪華本の制作者だった。絵草紙屋・絵双紙屋・絵草子屋と書こうが、「ゑさうしや」ということである。

中世から近世前期の〈本〉と〈草〉の関係でいうと、奈良絵は絵草子といわれたことからも〈草〉の側にあった。それがたとえ身分の高い者のためにつくられたものであろうと、仏典や漢籍、医学書のような〈本〉に比べたら、俗なる本である。〈本〉と〈草〉の関係は必ずしもそれを享受する人の身分の問題でなく、本のあり方である。

中世における〈本〉と〈草〉は、書物の量だけを見ると〈本〉の側が圧倒的に優位である。お伽草子が四百点確認できたといっても、物之本の点数は数万、いや十万点以上というレベルである。〈草〉はまだ語りが中心で書物化されたのはほんの一部でしかなかったのだ。それだけを取りあげると〈草〉の書物にとって中世は「暗黒時代」だったように見受けられる。しかし、それは紙に書かれて綴じられたもの＝書物という概念にとらわれた見方である。

中世の文芸は書物の中には少ないが、舞や音楽などの動作やリズムを伴う語りの中で熱く成長していた。さらに奈良絵本のような絵物語にもなった。こうした発展は、たんに文字になったテキストだけを対象として考えるのでなく、その全体像を意識して初めて見えてくる。その意味で今風にコンテンツといったほうがわかりやすい。そう考えると、中世の〈草〉のコンテンツは、浄瑠璃をはじめ歌舞伎の題材に欠かせない素材として、近世になって演劇の中で大きく羽ばたく。同時に紙に印刷される書物でも花開く。江戸時代の草紙のモチーフは、中世文芸とその変形、パロディにおおわれており、その影響が大きかった。中世はけっして書物文化の暗黒時代ではなかったのである。それが紙に書かれた書物の形態をとっていなかっただけである。

江戸初期に花開く草紙の世界

仮名草子と浮世草子

古活字版の意義は、中世まで印刷されたことのなかった平仮名交じり文（仮名書き）が出版されるようになったことにあったが、『伊勢物語』などの古典、『平家物語』や『太平記』といった軍記物から、お伽草子、能や舞の本もこのとき初めて印刷された。

さらに新しい動きがあった。同時代人による同時代人のための書き下ろし作品の登場である。活字版で印刷刊行された『恨之介』や『竹斎』（図23）、『大坂物語』などのような仮名で書かれた読み物は仮名草子といわれ、その後、整版の時代になっても多数刊行された。お伽草子の話は「昔のおはなし」であって、現実社会の出来事ではないが、仮名草子は当代の人が当代を意識して描く本であった。

仮名草子の中には、古い物語や怪奇談、笑い話をもじったものや、イソップ物語を翻訳した『伊曾保物語』のような翻訳、中国小説の翻案もあり実に多彩である。とくにパロディが出てくることが大きな特徴である。お伽草子にも元の作品からモチーフを借りてくることはよくあるが、『伊勢物語』をもじった仮名草子の『仁勢物語』などは原文を逐条もじった明快なパロディ作品である。近世の俗文学に通底する滑稽さはここから出てくる。

初期の作品である『根之介』はヒット作だった。次に出た『竹斎』は、今も腕の悪い医者を「ヤブ」というが、その起源となった話である。京都での医者稼業に見切りをつけた竹斎は、従者・睨の介と諸国行脚に出る。名所をめぐり、名古屋に落ち着く。そこで「天下一藪医師竹斎」と看板を出して開業する。そこでの数々のあやしげな診療ぶりが滑稽に繰り広げられる。この従者が、『根之介』をもじっているのである。このあと、今度は藪医者・竹斎ものがパロディの対象になる。仮名草子には『竹斎療治之評判』、『竹斎はなし』、浮世草子に『竹斎狂歌物語』、黄表紙になっても『竹斎老宝山吹色』などといくつものパロディ作品がある。

パロディが成り立つためには、読者が元の話をよく知っていなければならない。それがわかってこそおもしろいのである。仮名草子の時代は、そうしたことのわかるレベルの読者が、商業出版にたえるほどの数に達し始めたということも示しているのである。それでも十七世紀前半の社会では、読書人は限られていた。仮名草子を次から次へ出してヒットさせたという本屋はまだ登場しない。出版部数もそう多くはなかっ

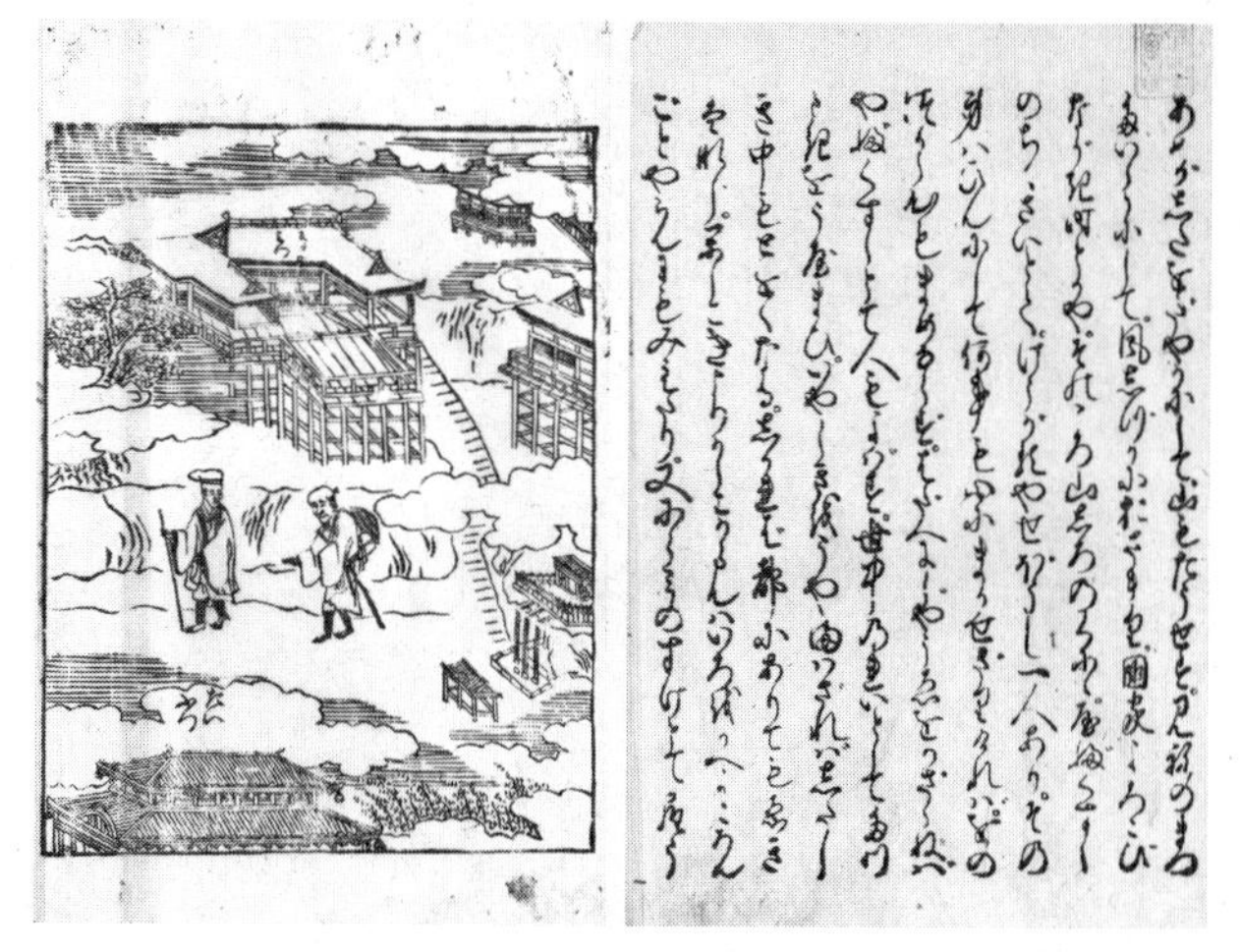

図23　仮名草子『竹斎』

た。その意味で、作品の同時代性で読者と一体になるのは、次の浮世草子からである。

　西鶴の作品は学術的に浮世草子というが、当の西鶴はそのような名称を口にしていなかった。当人は、それまでの「仮名書き」に該当する読み物に新風を吹き込もうとした。あくまでも新しい「仮名草子」を書くつもりだったのだ。お伽草子以来の古い物語に拘泥しないで、同時代の町人、とくに商人の目で世相を見る創造性豊かな「書き下ろし文芸」を目指したといっていいだろう。仮名草子に比べて徹底した「現代小説」である。したがって題材は、遊里や諸国咄（ばなし）である。これを当時は「西鶴の双子（そうし）」と呼んでいた。西鶴の登場は大坂が商業都市として確立し、商人が自信をつけだした時代背景と深い関係にある。これが十七世紀末から十八世紀初めの頃の〈草〉だった。ただし、次に述べる浄瑠璃本屋よりは「格上」であった。

〈草〉の底辺、浄瑠璃本の誕生

物之本と草紙という区別でいうと、第三章でも紹介した本屋の総合カタログというべき『書籍目録』では、儒書・医書・仮名・仏書の四分類にしてあり、その「かな（仮名）」以外の本が基本的に物之本である。「かな」の中の仮名草子やお伽草子、そして浮世草子が十七世紀の草紙だった。しかし、本の世界の三角形の底辺には、さらに下があった。この『書籍目録』にも載らない類の書物である。それが浄瑠璃本だった。

浄瑠璃をはじめとする演芸の本文を記したものを「正本（しょうほん）」という。それが印刷本で発行されるようになった。それは中世の語り物が古活字版の出版を契機に物語として刊行されるようになったことから始まる。寛永年間の商業出版の開始を象徴する出来事である。この中で説経節や幸若舞も出たが、一番盛んだったのは浄瑠璃だった。中世の語り物に三味線の伴奏をつけたものが浄瑠璃で、とくに十六世紀末頃から操り人形を使うようになって人気を博していた。十八世紀初頭から近松門左衛門（ちかまつもんざえもん）による義（ぎ）

太夫節が大坂で、完成度を高めるが、それまでの段階を古浄瑠璃という。十七世紀の正本の中心はこの古浄瑠璃で六段の構成になるので六段本ともいい、挿絵が入っている。これを発行したのが浄瑠璃屋と呼ばれる本屋だった。

元禄十年（一六九七）に大坂で出された『国花万葉記』という全国的な地誌の京都のところに、十軒の物之本屋（林和泉・平楽寺・風月といった十哲と呼ばれる店だけが載っている）とは別に、三軒の「浄瑠璃本屋」と称する店が載っている。すなわち山本九兵衛・鶴屋喜右衛門・八文字屋八左衛門である。このうち八文字屋だけはこの元禄以降、「八文字屋本」といわれる浮世草子の発行元だが、前の二軒は寛永の頃からその名のとおり浄瑠璃正本を出していた。

大坂にも三十軒の書林物之本屋と七軒の草紙屋（浄瑠璃本屋）が載っていた。江戸は書物屋が十数軒あって、これが和本を主に商っていた物之本屋で、別に浄瑠璃本屋が五軒紹介されている。すなわち、山本九左衛門、鱗形屋三左衛門、松会三四郎、鶴屋喜右衛門、山形屋市郎右衛門である。

この浄瑠璃本屋、別名正本屋が、江戸時代前期の〈草〉のカテゴリーの底辺を担っていた。つまり草紙屋でもある。古浄瑠璃本には絵が入っているのが一般的なので絵草子屋ともいった。奈良絵本を担っていた店が絵草子屋といわれていたことは先ほども述べたが、同じ時代の異なった業態の店に同じ名がついていた。現代のわれわれは混乱するが、奈良絵本と古浄瑠璃の絵は異なった筆致であるし、客層も上流家庭向けの奈良絵本と、新たに台頭した武士や町衆を相手にする浄瑠璃正本の発行は別物である。

物之本中心の本屋は、三都で連携をとりながらしっかりとした組織をつくってきたが、大衆向けの草紙類を出版ないしは販売する店は、都市ごとに異なった展開をしてきた。

京都では、浄瑠璃本屋を中心とした店による任意の集まりである草紙屋中（そうしやじゅう）が結成され、さらに音曲などの小型本や一枚刷を扱う小草紙屋中（こぞうしや）ができ、書林仲間に従属する形をとっていた。この団体は、結局最後まで独立した組織にはならなかったが、八文字屋のような有力な草紙屋は、書林仲間に加入しながら草紙屋中にも属する形をとってきた。

大坂でも享保期になって、大衆本だけの本屋が集まって草紙屋中がつくられた。『大坂本屋仲間記録』のうちの「裁配帳（さいはいちょう）」の享保十九年（一七三四）の記事に、仲間側の本屋の中に絵草子類を刊行している店があるが、草紙屋にとっては家業に差し障りが出て迷惑なので、差し止めるようにという抗議をしているとある。ここでいう絵草子は奈良絵本のような豪華本でなく、あくまでも芝居絵のような小冊子のことである。仲間行司もこの抗議を受け入れ、浄瑠璃本や、その聞かせどころに絞った抜粋本である道行、俗曲の端唄本、一枚刷の芝居絵については、草紙屋が自由に開板できるようにし、本屋側では板行しないことが申し合わされた。

同じ浄瑠璃本でも、一曲まるごと納められた本を丸本といい、半紙本でつくった。一頁に七行ないしは八行入れて印刷するものが上の部類で、下にいくと字を小さくした十一行の中字本というのもあった。これらは草紙屋の中でも浄瑠璃興行をする劇場と独占契約を結んだ店だけの独占出版だった。さらに、本のサイズを小さくして、ほんの出だししか入っていない五行本の抜本とか道行を出すのを小草紙屋といって、草紙屋からさらに格が下だった。丸本ではないので独占していた店と関係なく自由に出していた。

大本の半分の大きさでB6判に相当する本を中本という。半紙本を半分にしたものを小本という。A6判、すなわち文庫本サイズである。小草紙屋の出すものはこの中本・小本だった。これが上方における十七世紀、十八世紀中の〈草〉の側の底辺の書物である。

西鶴などの浮世草子も出したのは物之本屋だが、〈草〉の領域である。仮名草子もそうだった。本屋が販売増加を企む中で、仮名の本で大衆化したのである。浄瑠璃本屋は、その下につくことで、独自の世界を築きだした。彼らが伸びることで書物の三角形は底辺を広げていく。するといつのまにか、仮名草子も浮世草子も〈本〉の側におさまっていく。そういう変化の時代がきた。それを仕掛けてくるのが次に述べる江戸の草紙屋たちだ。

草紙屋による新たな〈草〉の拡大

地本屋の草分け、鱗形屋の本づくり

江戸では元禄前後の地誌に載った五軒の浄瑠璃本屋が中核となって草紙の分野を担った。元禄二年（一六八九）の地誌『江戸図鑑綱目』では、これを地本屋といった。地本問屋ともいうが、以後、江戸の草紙屋を地本屋と呼ぶことにする。地本とは、地の本ということで、上方から下ってくる下り本に対して江戸の地で制作された草紙類という意味である。享保頃には地本問屋仲間のようなものを結成して、江戸の本屋仲間（書物屋仲間）とは独立した組織だった。当初は必ずしも町奉行の正式認可になってはいないようだったが、この仲間が行事を置いて正式に町奉行と関係を持つのは寛政二年（一七九〇）になってからである。

その中心的存在が鱗形屋である。大伝馬町三丁目にあり、現在の地下鉄日比谷線の小伝馬町駅と人形町駅の中間あたりで、地本屋が多く集まっていた通油町も近かった。江戸版の松会とともに、江戸の地で開業した草分けの本屋である。

古浄瑠璃の絵入正本で出発し、初代は三左衛門といったらしいが、初期の本には「鱗形屋」か、仮名で「うろこかたや」とのみ記されることが多い。万治年間頃から暦を出した大経師・鱗形屋加兵衛も大伝馬町三丁目にあったので、同一の店かもしれないが明確ではない。

江戸では開府以来、十八世紀中頃までなかなか独自出版が花開かなかった。まだ上方出来の本を持ってきて売る下り本が幅を利かせていたので、自立した企画の本が出せなかったのだ。ほかの浄瑠璃本屋も山本九左衛門や鶴屋喜右衛門のように京都の店の江戸店だった。独自の道を歩んで一定の成果をあげたのは、松会とこの鱗形屋くらいだったのである。

ここが赤本といわれる草紙を出した。内容は「桃太郎」などのお伽話を始めとする子供向けのお話である。絵を中心に作中人物が話していることを文字にした、いわば今日のコミックそのもののつくりである。

本のサイズは中本である。一冊は五丁仕立て。今風に表現すれば十頁である。本文の用紙も漉き返しの薄墨色をしたものでコストをきりつめていた。鱗形屋はこれに丹で染めた紙を表紙に使った。丹は朱色に似た赤色系統の顔料で、古代から使われてきた。これを使ったものを丹表紙というが、本格的な丹表紙には水銀が含まれていて時間が経つと落ち着いたよい色になるので珍重された。しかし、赤本はその中でも安い顔料を使ったと思われる。表紙を赤くしたのはおめでたい正月の縁起をかついだもので、お年玉として子供に買い与えたのだ。
最近、その淵源は京都の草紙屋・山本九兵衛らが寛文・延宝頃（一六六一～一六八一）出した小本のお伽物にあることがわかってきた。そういう点で赤本は鱗形屋の独自なものではないが、鱗形屋には新機軸を生み出す力があったばかりでなく、何よりも継続性があった。

続いて黒く染めた紙を表紙にした黒本を出したのだ（図24）。形状は中本で同じ、五丁立てにし、三冊くらいをセットにした。赤本の題材が今の小学生低学年並みとしたら、黒本は高学年向きくらいにはなる。絵が中心で、会話だけが文字で書かれる画中詞の形式をとるのは赤本と同じである。いつから始まったかは、まだ確定できていない。現存するものとしては東洋文庫蔵の『丹波爺打栗』が最古とされ、その巻末に「きのへ（甲）子年正月新板目録」とあるので、それが延享元年（一七四四）に該当するということになっている。

やがて、中本で五丁立て二～三冊セットという形をそのままに、表紙の色を萌黄色にした青本が出るようになる。内容はまだ子供向けだった。

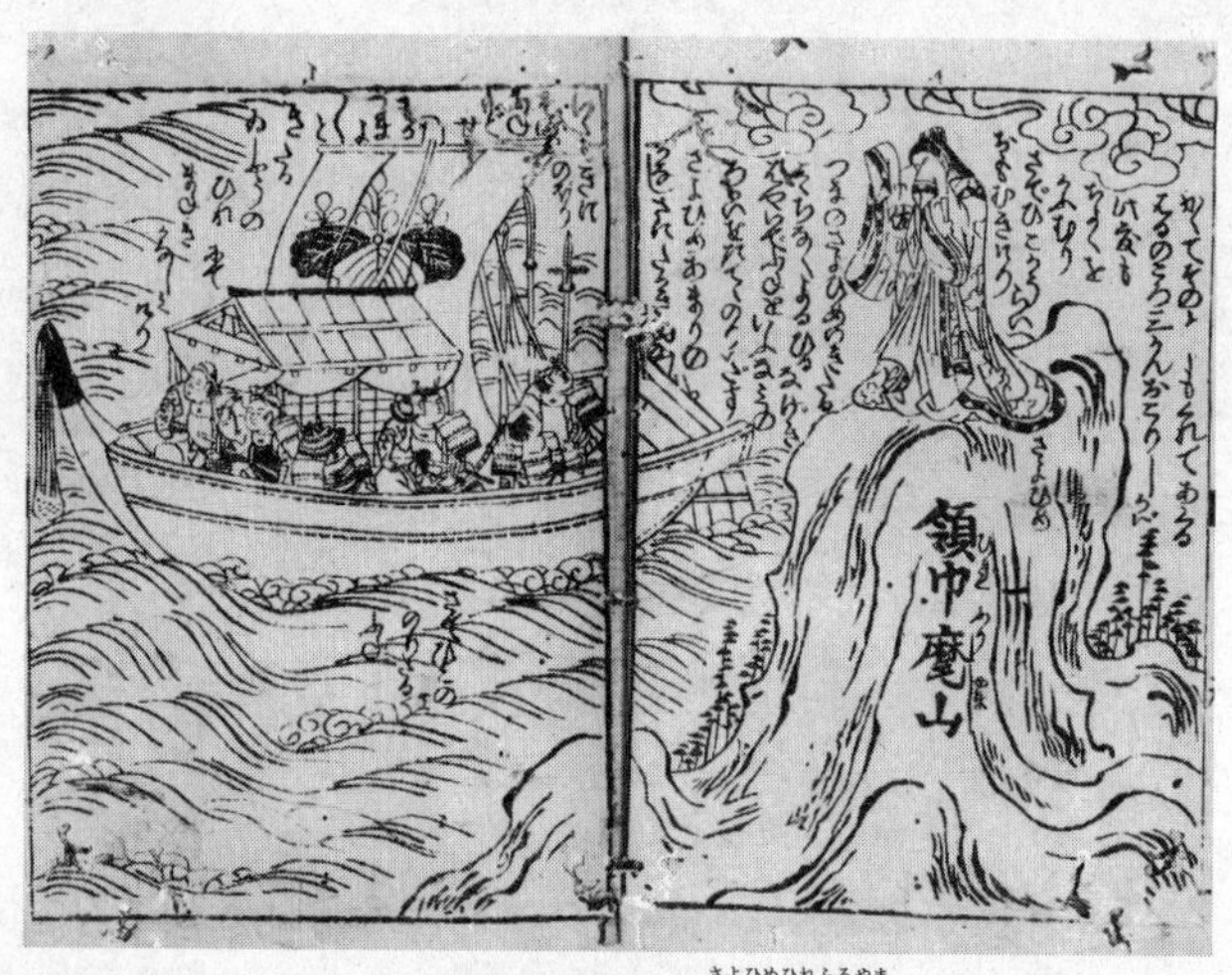

図24　鱗形屋の黒本『狭姫巾振山』

新たな〈草〉の興隆

今日の文学史では、赤本・黒本・青本・黄表紙・合巻の順に江戸の大衆小説が生起したといわれ、これらを総称して草双紙という。しかし、これらの登場は発展的に入れ替わったのでなく、しばらくは読者層別に同時に発売されるなど重なる時期があったと考えるべきだろう。

ただし、同じ青本でも安永四年（一七七五）に出た恋川春町の『金々先生栄花夢』を境にして、これ以後の作品を黄表紙というのが現代の学術的な呼称である。書き下ろしで近世文学特有のパロディもあり、このあたりから内容も大人向きになる。

鱗形屋はその草双紙界の草分けでありブランド力もあったわけだが、第三章でも述べた『早引節用集』で重板事件をおこしたあたりから勢力に陰りが見え始めた。かわって上方の出店に甘んじず、江戸で独自の出版を目指す鶴屋喜右衛門などが台頭し、黄表紙はいくつもの板元が競争で出すジャンルになった。人気作家の奪い合いでもあった。そのエネルギーが江戸での大衆本市場を大幅に拡大していくのである。

　上方では草紙屋が本屋の下にいて浄瑠璃本の独占出版にあぐらをかいていたこともあって、伸びがなかった。江戸の地本屋は本屋の下風にいることをよしとせず、次々と新機軸を打ち出していく。

　十九世紀初めの文化文政期になると、派手な色付きの絵表紙をつけ、話を長編化した合巻といわれるつくりになる。黄表紙は中本五丁立て二～三冊分、つまり十～十五丁で完結するものが多かった。合巻はこれを十丁で一冊にし、それが上下二巻となったものを一編とした。決まりがあるわけではないが、おおむね初編は全二十丁くらいで発売するのである。それで合巻（ごうかん）という名がついたのだろう。当時の用語である。赤本時代からの伝統で、絵を中心としたコミック風のつくりである。それで人気が出れば二編、三編と続けていく。発売日も新年に集中したので人気作品は年に一度新編が出てくるようになっていた。柳亭種彦（りゅうていたねひこ）の『偐紫田舎源氏（にせむらさきいなかげんじ）』などは、もっと人気があって年に二編ずつ出して全三十八編にまで及んだ。

草双紙はまさに江戸時代中期から後期の〈本〉と〈草〉でいう〈草〉の代表格である。だが、文学史的に草双紙という概念で語れる本だけが〈草〉ではない。遊郭の代表でもあった吉原のガイドブックである『吉原細見(さいけん)』の権利を鱗形屋から引き継いだ蔦屋重三郎が企画したのは、別の新しい考え方による本づくりだった。人気作家に遊郭での粋な遊び方や手練手管を話風に仕立てさせた「洒落本(しゃれぼん)」も出した。積極的に画家を育てて浮世絵を多色刷りにした錦絵(にしきえ)を大量に売ったのも彼のアイデアだった。

こうなると、そのほかの本屋たちも競うように大衆向け市場を広げようとした。草双紙の系列とは別に、絵は挿絵程度になり、文章で読ませる文芸物もたくさん出てくる。十返舎一九(じっぺんしゃいっく)の『道中膝栗毛(ひざくりげ)』や式亭三馬(しきていさんば)の『浮世風呂』などで知られる滑稽本、為永春水(ためながしゅんすい)の『春色梅児誉美(しゅんしょくうめごよみ)』を代表とする悲恋物の人情本(にんじょうぼん)などがそれである。

さらに大人向けで少しレベルが高いが、読みやすい文章主体の娯楽読み物を読本(よみほん)という。歴史物や中国の小説などから題材をとり、当時は「奇談(きだん)」と呼んでいた分野である。初め大坂の本屋が出しており、上田秋成(うえだあきなり)の『雨月物語(うげつものがたり)』などがあった。これは本屋側が出す大衆本だった。やがて山東京伝(さんとうきょうでん)と曲亭馬琴(きょくていばきん)といった実力派の作者が登場すると、その中心は江戸に移った。

曲亭馬琴の書いた読本の『南総里見八犬伝(なんそうさとみはっけんでん)』などは相当に人気があった。よく売れたので次から次へ続きが出て、ついに全九輯(しゅう)百六冊となる大長編になった。発行されるたびに人気が高まっていったので、九輯目の発売日には、買い求めに来る客が店先に詰め掛けてきたため、まるで火事場のような騒ぎだったと作者自身が手紙に書いている。

仮名草子の中には、江戸後期になっても増刷する本がいくつかあるが、もうそれは立派な物之本に「格上げ」されている。位相が変わるといったのは、ひとつにはそのことである。仮名草子・浮世草子が〈草〉の位置にあって、その下に勢力の小さい浄瑠璃本屋がいた十八世紀の前半までと違って、十八世紀から十九世紀の出版界は、次から次へと登場する地本屋たちの〈草〉の本であふれるようになった。

その中で、物之本屋たちも黙っていたわけではない。大市場である教育分野にも参入してくる。寺子屋といわれた読み書き（多くはこれに算盤（そろばん）も加える）の師匠たちが自主的に開く塾には多くの子供たちが通いだした。十九世紀初頭の文化年間には全国に数千のレベルでそうした塾があったという統計がある。そこで教科書に使われたのが往来物（おうらいもの）というジャンルの本で、現在のように国家が内容にまで干渉することがなく、自由に刊行ができた。その大きな市場を本屋たちが見逃すわけはなく、〈本〉と〈草〉の双方の店からたかるように本が出された。

大衆本に必ず絵が入るという原則は往来物にも及んだ。教科書としての本文は絵のない、素っ気ないものなのだが、本屋はそこに絵の入った付録を本の上部に挿入することで競争をした。珍しい動物事典、外国風俗、実用的に演出した算法の問題集、占いなど多彩である。これは夢があって、今見ても楽しい。

往来物や読本のように本屋側のつくりと、草紙屋側の発想が一体化してくるのは、ほかにもさまざまな分野でも見られた。〈本〉と〈草〉の境界を広げたのである。江戸期の読書の特色は、この広い境界によって読書人口を増大させたことにあった。専門書と大衆本の中間にある質の高い読者層である。これが最近は文化的中間層とか中間読者層といって注目されている。位相が変わるというのは、この中間層の働きによってなされたといってもよいだろう。

演劇と書物のコラボレーション

江戸期の草紙屋は演劇と本の連携から始まった。もともと絵巻のところで述べたように書物には身体性があり、動作を伴う演劇とは表現の違い程度の差しかない。とりわけ「もの」を語ることにおいては、むしろ不可分な関係にあったといえる。

近世に入るとそれまでの演劇的な語りが文字化されていくことで、大衆本市場が開拓されてきたのは必然的ともいえる流れだった。その中で初めは浄瑠璃が最も人気が高かった。草紙屋はその正本を出すことで市場を切り拓き、板株を独占してきたが、それに群がるように省略本や小型本で稼ぐ下位の小草紙屋がたくさんいたことも先に述べたとおりである。

正本の第一の役割は劇場に行けない者や地方の人にその内容を読ませる趣向である。しかし何といっても最大の役割は、相互に人気を高めることにあった。本で読んでおもしろかった芝居をぜひ実物で見たい、あるいはおもしろかった芝居を本でも読んでみたいという相乗効果を狙った商法である。演劇と書物は役割が異なる。劇場で見る芝居は直接的に心情に訴えてくるのに対して、書物では場面に具体性はないが想像的である。何度でも繰り返して読むことで、そのイメージを膨らますことができる。現代での映画やテレビドラマで見ることと、原作を読むこととの関係と同じである。こうして人気をあおることで双方の売り上げを伸ばそうとしたのである。

やがて、江戸時代中期になると歌舞伎の人気が高まった。浄瑠璃は人形浄瑠璃が中心なので俳優がいない。一方、歌舞伎は生身の人間が演技をするので自ず(おの)と人気の出る役者が生まれる。そうなると役者の評判が絵になり、本になってよく売れるようになる。京都の八文字屋はこのジャンルの草分けで長いこと稼いできた。これは、今日の芸能ニュースのようなもので、現代と少しも変わらない構図である。

流行り廃りも激しい。十八世紀中頃になると舞の本はなくなり、浄瑠璃も最盛期を過ぎる。これまでの丸本の独占販売店は様変わりしてしまう。江戸時代後期になると、草紙物のうち浄瑠璃本が占める割合が減っていく。草紙屋の主力商品は、芝居絵や歌舞伎の台本である根本、端唄本、各種の草双紙へと移っていく。

このように、演劇と書物が切っても切れない関係をつくったのは、〈草〉の世界においてである。何といっても相互に人気をあおる商法は、今でいうコラボレーションである。どうしたら売れる本をつくれるかを広い目で考え出し、新しい手法で本をつくっていく。それは、従来の殻に閉じこもりがちな本屋の側から出る発想ではなかった。〈草〉を担う人々が何とかしようという、したたかさから出たものだ。彼らは斬新で思いきったアイデアを実行する気力があった。

その江戸での代表格は蔦屋重三郎である。黄表紙、洒落本、吉原細見とさまざまなジャンルの本を出すが、錦絵の成功は絵画と書物のコラボレーションである。それと写楽に見られるような歌舞伎役者の絵柄で、演劇とも結びついて多くのヒット作品をものにした。戯作者と同時に浮世絵画家を育てることもした。売れ筋商品を企画するという意味で蔦屋重三郎は単なる本屋を超えて、立派なプロデューサーだったといえる。絵師が人気になると、その絵を挿絵にした本も企画できるし、人気作家と組み合わせてさらに売れる本を出すこともできた。

しかし、出る杭は打たれる。寛政年間、風俗紊乱を理由に奉行所から処罰されてしまう。だが、蔦屋の拓いた大衆本市場とその手法は、その後に他の地本屋が引き継いでさらに拡大していく。たとえば蔦屋後に発展した合巻の絵を見ていると、登場人物

図25　葛飾北斎が描く通油町の蔦屋重三郎（耕書堂）の店先風景。錦絵が積んであり、右奥では店員が本の仕立てをしている。間口の広い本屋というより、問屋の様子である。享和2年（1802）刊『画本東都遊』より

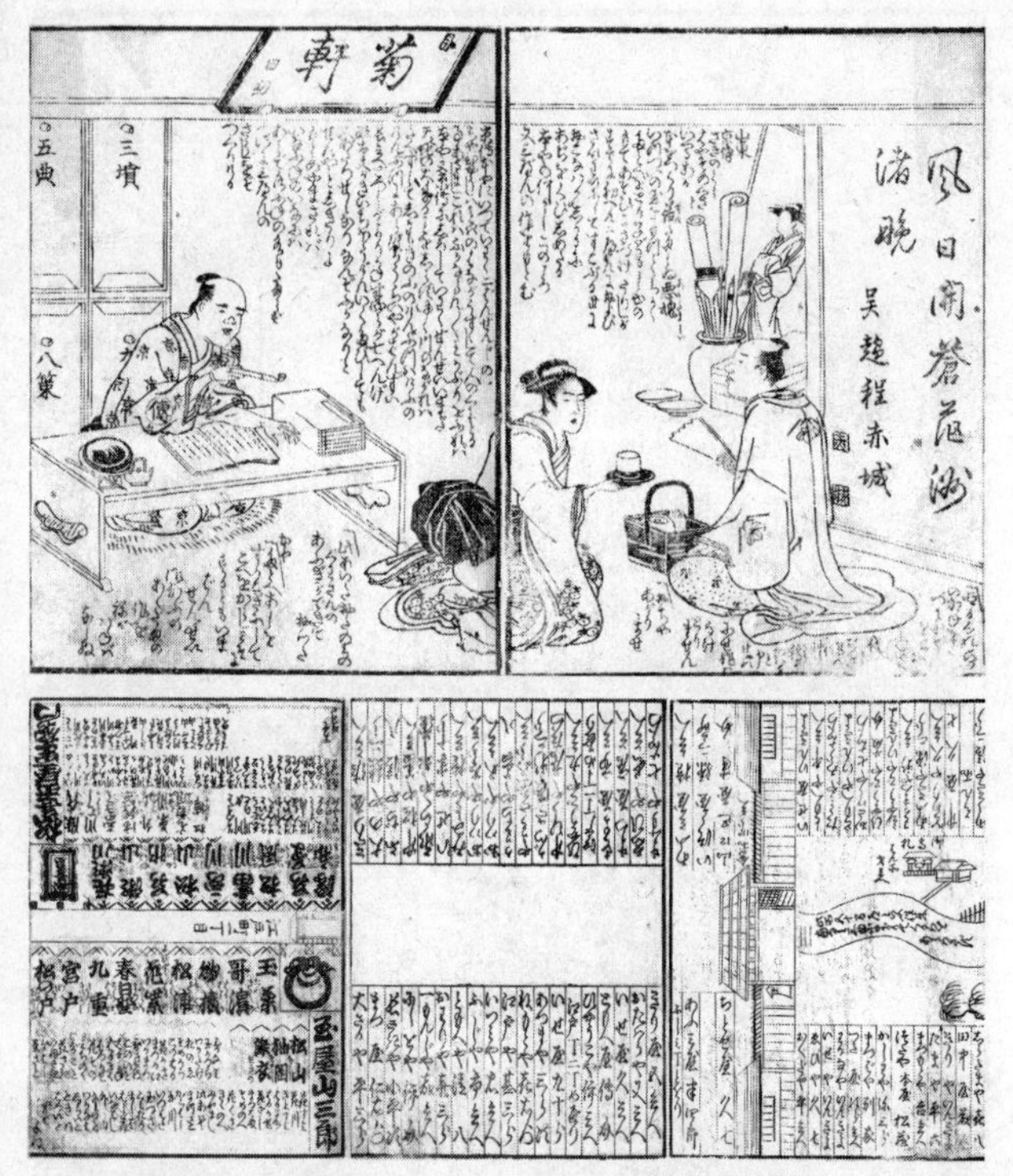

図26　寛政5年（1793）刊に蔦屋が出した黄表紙『堪忍袋緒〆善玉（かんにんぶくろおじめのぜんだま）』には、左にいる山東京伝が描く蔦屋重三郎の姿がある。横の女性は妻と思われるお菊さんであろう

図27　吉原遊郭の遊女の名前が載ったガイドブックである『吉原細見』は、蔦重が天明期（1781-1789）から専属の板元になった。図右のゆるやかにカーブした道を「五十間道」といい、そこに蔦屋の店があった

図28　天明6年（1786）刊『絵本江戸爵（えほんえどすずめ）』は、喜多川歌麿（きたがわうたまろ）最初の挿絵本である。屋台の寿司屋の賑わいを描いた。以後、蔦重は歌麿を絵師として手塩にかけて育てた。蔦重の筆名である蔦唐丸（つたのからまる）の狂歌入

図29　歌麿による彩色の挿絵入り絵本・天明7年（1787）刊『麦生子（ばくせいし）』

図30　山東京伝作の洒落本、『大儀風俗　仕懸文庫』。寛政3年（1791）の発禁本のひとつ。蔦重はこれで「身上半減」、財産の半分を没収の処罰を受けた。蔦屋の専属作者のようであった山東京伝もこのとき手鎖五十日の刑を受けた

図31　葛飾北斎も蔦重とは深い縁があった。蔦重は寛政9年（1797）に48歳で没しているが、その没後、享和4年（1804）に出した北斎の彩色画入の狂歌絵本『山満多山』

はみな歌舞伎のみえをきる格好をしている。江戸時代の後期には、書物と演劇は完全に一体化したエンターテインメントになったのである。

下層を支えた本屋たち

本というのは、出版されて書店に並ぶだけで終わらない。出版された後に、顧客が読むまでにはいろいろなルートをたどる。交通の便がなかった時代、町の中心部に住んでいた人には一日の徒歩圏内に本屋があった。しかし、郊外の者、地方の居住者にはそうはいかないし、町の人でもゆっくり本を探して歩く余裕のある人はそう多くない。そうした顧客層の需要に応え、かつ新たな顧客の開拓をしていくのは、別の者たちが担った。

第三章で紹介した「売子」「世利子」という存在である。基本的に自由な立場にある者で、個々に本屋仲間に加入する本屋の元に所属していた。本屋は自店がかかえる売子たちについて名簿を行事に提出する。それで把握された者が、古書の市場にも出入りできるのだった。黄表紙の『的中地本問屋』に草紙売り出しの日には「糶の手合いに韋駄天様の守を持たせて出しける」と記されているが、この糶が世利子である。彼らが本の末端の販売員で、直接顧客に出向いて行商をしていた。

さらに、文化五年（一八〇八）の「町々貸本屋世話役名前」という史料では、江戸には六百五十六軒の貸本屋があったことを示している。それによると貸本屋は、組織化されて江戸府内を十二組に分け、それぞれに世話人三十三人を置いていた。貸本屋は十七世紀中から存在していたが、このような組織的な仕組みは文化年間からそう古くない時期にできあがったと思われる。世話人の中には貸本屋から地本屋になった丁子屋平兵衛や角丸屋甚助のように手広く商った店が一部にはあったが、大半は零細な店である。

世利子と貸本屋は、組織的には別の存在である。しかし、世利子をしながら貸本もおこなう者がいたし、貸本屋も世利子として登録した者もいただろう。新刊を問屋から仕入れて貸すだけでは商売が成立しないからである。『近世物之本江戸作者部類』によれば人情本作家の為永春水は「旧本の瀬捉」をしていたといい、後に貸本屋にもなった時期があるという。それが人情本のヒット作を生み出す下地となっていた。別の文献には「せどりの担商」という表現もあり、江戸時代後期には「せどり」という商人がおり、しかも本を担いで行商していたことが明らかになっている。これが世利子とどう重なるのか、貸本屋とはどのような関係にあったかなどまだ明らかでないこともあるが、町々にはこうした貸本屋と世利子がかなり重複して存在していたと考えられる。本屋の店先風景を描いた絵がよくあるが、そこから大きな風呂敷包みを背負って出入りしている者が、貸本屋や世利子たちである（図32）。

図 32 『江戸名所図会』にある地本屋の店先。左側の風呂敷を背負っている人物が出入りの貸本屋や世利子たち

さらにこのどちらの組織にも必ずしも入っているとは限らない床店（とこみせ）や露店（ろてん）の本屋、あるいは草双紙や一枚刷を売る絵草紙屋というのも方々にあった。大坂で「はんこ屋」と呼ばれた小草子屋の類もそうであるが、これらが本や錦絵を販売する広い裾野を形成していた。

天保改革によって一時的に組織を解散させられた本屋仲間と地本問屋は、九年後の嘉永（かえい）四年（一八五一）に再び仲間を結成するが、江戸の本屋（書物屋）はそのときに従来の店を古組とか本組というようになり、新規に加入した店のグループを新組とか仮組といった。その結果、本組が五十六名で仮組が十七名だった。

『諸問屋名前帳』という史料によれば、地本屋のほうは古組二十九名に対して新組が百二十五名にも増加した。実際には、異動などによってこの数に違いはあるが、一気に新組が増大した背景には、仲間がなかった間に新規に開業した店があったということもあったが、それより従来、世利子ないしは貸本屋、あるいは絵草子屋だった者が転じて大挙して仲間に入った可能性がある。大坂でも文化年間に売子が大量に本屋仲間に加入して、その数、三百軒に膨れあがった経緯がある。従来の物之本屋の伸びは限界にきていたが、かわって〈草〉の側の本屋たちが急速に増大したことがよくわかる。従来、ともすれば軽視されてきたこうした裾野の部分にもっと焦点をあてて深く考える必要があるだろう。

裾野で扱われたもののひとつに、いわゆる艶本・春画の「わじるし」などの存在がある。これはいつの時代にもあったジャンルで、一流の画家も必ずといってよいほど描いた。本としては〈草〉の側のものだが、実は、大手の本屋も出していた。ただ、表だって出せないので、裏で扱っていたのである。町の絵草子屋（大坂でいうはんこ屋）の店先には、おおっぴらに並べられていたそうだ。

全国に広がる貸本屋

本の値段は、硬派の物之本で一冊あたり銀二匁近くした。これは現代でいうと数千円に相当するので、けっして安くない。それに対して草双紙は安く提供することに腐心してきた。三冊セットの黄表紙で銭二十文くらいである。当時、かけ蕎麦の値段が十六文前後だったから、今なら五、六百円くらいで買えたことになる。ただし、読本や絵表紙をつけた合巻は、百文くらいの値段になった。物之本より少し安い程度である。にもかかわらずよく読まれたのは、貸本屋の人気商品だったからだ。貸本の見料は、売価の六分の一から十分の一程度といわれており、これで安く読むことができた。貸本屋の一軒あたりの得意先の数は、およそ百七、八十人といわれている。これが六百五十六軒あったのだから、単純に計算すると十万人以上の顧客が江戸市中にいたことになる。これが全国規模となると、いったいどのくらいの読書人口が想定されるだろうか。

貸本屋の商法は、店を構えて人が来るのを待つのでなく、自分から出て行って行商をする方法だった。大きな風呂敷包みを背負って歩き、お得意様の家にあがり込んで話をしながら本を貸していく。読者も続きものなどは次がいつの発売なのか、あのあらすじはその後どうなるのかを知りたがっており、貸本屋がやってくるのを楽しみにしていた。

作者も貸本屋には恩恵をこうむった。山東京伝などは自作の序文に、本を娘に見立てて、「読んでくださる御方様(おかたさま)は婿君(むこぎみ)なり。貸本屋様はお媒人(なかうど)なり。随分安売(やすうり)の嫁(よめ)なれど……貸本屋様のお媒人口(なかうどぐち)にて……よき婿君にありつくべし」と書いて、大いに持ちあげている。

貸本屋は自分たちのお得意様を持っているもので、その顧客が求めるものは何でも提供する。だから、その仕入れ先は地本屋だけでなく、本屋にも出入りした。本屋側もこの大きな消費先を取り込んでいた。また新本だけでなく古本も貸していた。

さらに地方の本屋が、江戸とさして変わらない品揃えができるようになるのも江戸時代後期の特色である。流通網が整備されてきたのである。貸本屋も相当な数になることは、今残る本に捺された貸本屋の印が、ほとんど地方のものであることでわかる。その場合、江戸にそうした店に本を供給する流通の要(かなめ)になる店があって、現在の取次のような第一次問屋の役割を果たすことが明らかになってきた。地方の店から欲しい本を伝えれば送ってくるという方法である。そこでは新刊本はもちろんのこと、古本も数多く出回った。貸本屋同士の売買もあったようで、一定の役割を終えた本を別の貸本屋に売って融通したことがわかっている。また、貸本屋は印刷物だけを扱っていたわけではなかった。手書きの写本も商品だった。奉行所の意向に差し支えるような内容だと、印刷本にはできなかったが、写本なら取り締まりの対象にならなかったので、大量に手書きされて貸本屋に流れたものがあった。それも人気の秘密である。

貸本屋の品揃えには、案外硬派の本もあって、単なる大衆本屋でもなかった。そこにも多くの中間読者層の存在を見ることができる。

変わるものと変わらぬもの

幕府の規制にもしたたかな本屋たち

馬琴の人気作品『南総里見八犬伝』の発売で店先が火事場騒ぎのようだったというのは、貸本屋から出版界に打ってでてきた丁子屋平兵衛の店のことである。その成功の秘密は、彼が本屋仲間と地本問屋仲間の双方に加入したことだ。大衆本屋の中にいながら物之本屋にも足を入れたのである。それによって、大坂の河内屋太助らの本屋と提携して共同刊行した。これは相合板によって板賃の配当を受ける関係でなく、前章で紹介した本替の商法で相互に出版した。同じような読本と等価交換する形で精算をしたのである。

丁子屋が本屋と地本屋双方の仲間に入ったのは、本屋仲間のメンバーなら三都で本の流通が保証されたからだ。地本屋というのはあくまでもローカルな板元なので、それだけでは販売力に限界があった。各地の大衆本市場が大きくなったので、さらに外に向かって販路を広げたいのだ。

本屋仲間も、その加入を抑えることはしないので、本屋と地本屋双方に入る店は、松会や鱗形屋以来少なからずいたことである。ただ、本屋仲間として新規に出版するためには、重板・類板の恐れがないかという仲間での内部規制と町奉行の吟味という手続きを経なければならない。それでも、あえて本屋仲間にも加入したのは、寛政年間以降、地本屋の仲間にも奉行所の介入が強化されていたからだ。それまで、地本屋も仲間をつくってはいたが、ほとんど新規の出版であっても奉行所側からの強い規制はなかった。もともと浄瑠璃本は演劇として上演される段階で許可をとっていたので、それを本にするさいに二重の検閲を受ける必要がなかった。その前例が続いていたので規制はゆるやかだったのだ。ところが、寛政の改革で地本屋に対しても行事を置き、新刊発行の「改（あらため）」を徹底するように申し渡された。

事実、蔦屋重三郎が寛政三年（一七九一）に山東京伝の洒落本で発禁処分を受けてしまったのは、この一連の動きで当局の標的にされてしまったからだ。京伝は手鎖（てぐさり）五十日、重三郎は身上（しんしょう）半分没収という裁きだった。大衆向け戯作本といえども、安閑としてはいられなくなってきた。こうなるとどこに身を置いても同じである。それならば流通網のある本屋仲間に加入したほうがメリットがあると判断したのだ。

寛政期のような公儀の介入は、封建社会特有の厳しさがあったとついつい思われがちだが、実際はそう徹底したものではなかった。たしかに江戸の「三代改革」といわれる享保・寛政・天保の時期には書籍に対する厳しい処置が下されたこともあった。しかし、改革の時期が終わると逆に書物業界は発展している。自己規制をしながらも、したたかに生き延びてきたのだ。

たとえば豊臣秀吉を英雄扱いにする『太閤記』や幕政批判になる『忠臣蔵』は、たしかに禁書だった。事実、みせしめとして発禁処分になったことはあったが、すぐにまた別のところから似たような本が出版された。芝居でも手を替え品を替えて演じられてきた。だから誰でもその話を知っていたし、読もうと思えば古本や貸本でいくらでも入手できた。禁書というのはむしろ本屋が自主規制をしてできたものである。影響は権力の締め付けというより、自分たちの内部の規制のほうが大きかったのである。いわば重板・類板問題を公的に規制するためにした奉行所と本屋仲間との取引である。

実際、寛政の厳しい規制は時が経つと緩んでくる。次の文化・文政時代はその合間にあって、一気に大衆本市場を拡大させることになった。丁子屋はこの時流にうまく乗った。大衆本の中でも、より付加価値の高い読本のような半紙本の文芸で稼いだのだった。

ただし、天保の改革で再びきつい規制が入る。寛政の改革が天明の飢饉(ききん)による経済疲弊を背景としたように、今度は天保の飢饉に襲われ、農業生産力が落ち、諸物価が高騰した。老中・水野(みずの)忠邦(ただくに)はこれを倹約と、物価高騰の元凶とみなした株仲間の廃止によって克服しようとした。天保十二年（一八四一）から十三年にかけて、本屋仲間も地本屋仲間も解散となり、出版の許認可も仲間を通さずにしなければならなくなった。告発は町奉行所配下の隠密同心が担い、それを受けて物之本は代々幕府の大学頭であった林家が検閲をおこなった。大衆本は町年寄・奈良屋が改めをおこなうことになった。奈良屋（館氏）というのは、本屋仲間と町奉行の間に入って実務をしてきた民間の役所である。その結果、本屋は丁子屋平兵衛や鶴屋喜右衛門らが、作者は為永春水と柳亭種彦が槍玉にあがった。どれも当時最大のヒットメーカーだ。理由は「好色」ということだった。しかし、これらの本はいわば男女の恋の話であって猥褻性はない。大衆本があまりに普及したことへの危惧が働いたいわばみせしめの取り締まりであろう。実際のところ、春水の人情本も種彦の『偐紫田舎源氏』も、今ではごくふつうに古書の市場に出てくる。発禁処分になった形跡などわからないほどである。丁子屋も鶴屋も罰を受けたものの、さしたる刑ではなかったが、結局この件がもとで店の事業は衰退してしまった。

水野忠邦は間もなく失脚するが、株仲間解散令はそのまま継続し、それが解かれるのは十年後の嘉永四年（一八五一）だった。この間に地本屋の数が大幅に増えたことは先ほど述べたとおりである。本の出版点数もますます増加していく。しかし、事件後柳亭種彦は没し、すでに山東京伝はなく、曲亭馬琴も亡くなり、作家の質が落ちたと文学史的に評価が低くなる。本屋をみても、天保中に蔦屋重三郎は店をたたみ、名門・鶴屋喜右衛門や丁子屋のようなやり手の本屋が衰退してしまうので、こちらも商業的なリーダーを欠いていった。

明治維新に入っても、しばらくは変化がなかったが、徐々に旧来の和本がなくなっていく。明治十年代はまだ生き残っていたが、二十年になるとその数は急激に落ち込むのだ。明治二十年の東京書籍業組合のメンバーは百三十一人。そのうち旧来の本屋仲間、地本屋仲間からの継続店は十六人にすぎなかった。貸本屋も急激に減少する。

今も変わらぬ書物観

江戸時代後期の書物事情を見ていると、読書人口の急激な拡大とそれに伴う全国レベルでの流通機構の整備がなされ、本屋たちはそこに向かって大量の出版物を提供していた。ただ、書物全体のパイは大きくなったが、最後まで本屋と草紙屋の格の違いは生きていた。

本の世界に見られる階層は、時代とともに変化しながら生きてきた。この章では、それまで草紙の分野だったところが物之本屋側に取り込まれ、その境界が次々と突き破られていくこと、物之本屋が販売品目の拡大をはかったのに対して、草紙屋側は次々と新しいアイデアを考え出しては大衆本の裾野を自ら広げる運動をしたことを述べた。その意味では草紙屋のほうが創造的である。本章の最初に述べた書物世界の三角形は、平安時代の頃はまだごく小さなサイズだったが、江戸時代の末期には下方に延びて底辺を拡大させ、かなり大きな形になった。〈本〉と〈草〉の境界線も下方に下がった。この下げる力は〈草〉の側にあった。長い歴史を見てくると、確かに同じ書物でも〈本〉と〈草〉といった身分の違いが確かにあったが、それは固定的なものでなく、つねに変動しているものだった。それは、〈草〉の側の強い「伸張力」というべきエネルギーによって突き動かされてきた。

江戸時代の物之本と草紙の違いがはっきりわかるのは、物之本屋側が板木という財産を株にして後生大事にしていたことと関係する。板木は数百年保管でき、内容が陳腐化しないから、つくられる本の寿命が長いのである。しかも、古本でも再流通するので年ごとに蓄積されていく量が増えていく。それに対して草紙は、むしろつねに新しいものを求めて時代の要求に応えようとしてきた。そのため寿命は短い。かりにヒット作が出てもその原作を長期間売るのでなく、つねに新味を出す対応をしてきた。草双紙には「一年切り」という言葉があって、ひとつのヒット作の寿命は一年単位くらいでしか考えられていなかった。古本として再流通するのは読本くらいで、中本以下の草双紙はほとんどが読み捨てだった。

しかし、そのどちらも「進化」しすぎた。あまりに進化しすぎた生物が、環境変化に対応していけないことと似て、物之本も草紙も明治以降の「近代化」についていくことができなかったのだ。

ただ、ここで書物にたいする観念も変わっただろうか。いや、この変化は、それまでの書物観をすべてリセットしてしまうほどのことではなかったと思っている。外形の変化はあっても、核心は動いていないのではないか。書物の世界の内部には、〈本〉と〈草〉が二項対立のように存在し続けてきたことをこの章で述べてきたが、さまざまな変化を経てもこの構造は変わらなかった。そこを重視したいと思うのである。

本も書物観も時代とともに変わってきたことはたしかである、それまでになかった新しい面も時代とともにあらわれてくる。テクノロジーの進歩が観念をも変えていくし、外国をはじめとする異文化との接触など、文化は絶えず変転していく。それでも、伝統的な書物観は、現代の出版事情の中にもまだ生きていると思う。さすがに身分とまではいわないが、どこか〈本〉と〈草〉の差が暗黙のうちに生きている。その境界にいる膨大な中間読者層の役割は、現代も生きている。いや、むしろ重要な役割を果たして出版界を支えているといってもよい。

書物というのは単純なものではない。とりわけ日本では千三百年の歴史があり、それが時代時代の変転を遂げつつも、一方で意識の根底にあって変化しないものも持っていたのだ。

千年前、紫式部たちが醸し出した本に対する熱意は、確実に今も残っている。本の物語は今も引き継がれている。継承されて、変わらずにあるものこそ、書物観の本質ではないだろうか。そう、やはり日本人は本好きなのである。

あとがき

古書の市場に通っていると、ときどき『源氏物語』や『伊勢物語』などの平安文学の古い写本を見かける。鎌倉時代以来の装訂である列帖装に仕立ててあり、表紙に金泥で絵が描かれていたりする。気楽に出てくるということは江戸時代のものだからだが、つくりは中世以来変わっていない。まったく同じではないにしても平安の女官たちが愛(め)でたものの系譜を引いている。書かれているのはたしかに物語の原文だけなのだが、強いメッセージ性を伴っているのである。

古代からの書物の流れを見ていくと、そのことづての中に、本を残していくことの重要性がこめられていたと思う。千年前の物語がこれほど豊富に今でも読めるのはこの働きのおかげである。ほとんどの人にとってピンとこないかもしれないが、現存する和本の数の多さは尋常ではないのだ。きちんとした国際比較調査がないので、具体的な数値であらわせないのは残念だが、古本屋の店先でも、各地の図書館でもとにかく蔵書数が多い。実際につくられた本の数の問題でなく、それを残してきた一連の行動がそうさせたのだ。

本書で紹介した、〈本〉と〈草〉は、古代から近世末まで続いた硬派の物之本と、大衆向けの草紙の格の違いだった。伝統の様式をきっちり守ろうとする〈本〉と、それにとらわれずに次々と新機軸を打ち出した〈草〉の双方がからみあってきたのだった。〈本〉はよく残されるかわりに、〈草〉の方は残存度が低い。

書物を残すことと、この〈本〉と〈草〉の関係は、形を変えて現代もあると思う。狭い我が家は、本の置き場に苦労している。自宅には商品はあまり置かないようにしているのに本は増えていく一方である。それでも一定の量は処分している。そのとき残す本と処分する本には自ずと基準を決めている。ひたすら読むことだけが目的の本は、一回読んだらもういらない。古書の市場に出す方法で処分する。それに対して残しておく本というのはどこかに思い入れがあるもので、手元に置いておきたいのだ。私にとっての〈本〉と〈草〉の関係は、この残す本と処分する本との違いである。

書物の電子化のことが賑やかな話題になっているが、私自身はそう反対しているわけではない。便利になる面も評価するからだ。しかし、中身が読めればそれでよい、ということだけに収斂されてしまうなら話は別である。それでは本が殺されてしまう。何度も言うように書物が中身といっしょに伝えようとしている別の側面も重要だからだ。この残しておく意味が問われているのだと思う。

現在では、一冊の本がコンセプトとしてまとまるのは出版社の力のおかげである。

そこにメッセージ性が生まれる。本書の発行にも、角川学芸出版の伊藤賢治・乙川奈々子さんをはじめ幾人かの方のお世話になった。一人でつくりあげた本ではけっしてない。この編集制作の世界こそ書物の信頼性であり、電子化されても不可欠なところだと思う。

文庫版あとがき

二〇一一年に本書が角川選書として刊行されてから十二年が経った。改めてじっくり読み返したが、基本的に書き直すことはほとんどなかった。違うとすれば、選書版「まえがき」冒頭の「日本人は本が好きな国民だと思う。電車の中でも街角でも暇があれば本を開く人の光景を見るし、どこの町にも本屋がある」とあるところ。二〇二三年の景色では、電車の中で乗客が手に持っているのは、完全にスマホに変わってしまった。本どころか新聞・雑誌を見ている人も見当たらなくなった。町の書店の数も減ってきている。出版統計では、年々売り上げは減少している一方で、電子書籍が普及してきており、書籍の新しい形態となっている。

そうした現状に「嘆かわしい」という声を方々から聞くが、私はそう悲観的なことだとは思っていない。「日本人の本好きは変わらない」と確信しているからだ。現状の変化とて、経済的規模は小さくなりつつあっても、読書の新しい「様相」だと思うからだ。

時代と共に変化し、いや、むしろ時代の要求に本の側が柔軟に応えてきたのが、これまでの日本の書物の歴史である。本文でも述べたが、奈良時代以来、千三百年の書物の歴史では、紙に書かれて（あるいは印刷されて）綴じられた「本の形」だけがずっと続いたのではなかった。

たとえば、五百年の中世の時代、舞や語りで伝えられたコンテンツが多数あったが、それらは「本の形」にはなっていなかった。それが近世に入って、演劇（能や浄瑠璃、歌舞伎）になり、草紙になり、それぞれが一気に昇華した。芝居と本のコラボレーションが進んだのだ。江戸時代の文芸が独自の新しい書物世界を築き上げたといえる。これは日本人の心の奥底に、つねに書物への強い「憧憬（しょうけい）」があり続けたということではないか。

この流れを最もうまく受け止め、成功させた人物が、十八世紀の蔦屋重三郎である。伝統的な書物の歴史を受け継ぐ一方、新しい売り物を次々と開発した。喜多川歌麿のような天才的絵師を育てるなど、そのひらめきの確かな名プロデューサーぶりは際立っていた。これが層の厚い書物の世界をつくりあげてくれたのだ。

感動していることがある。まったく私事だが、私の中高校生の孫たちがとても「本好き」なことだ。だからお年玉もお小遣いもすべて「図書カード」にして贈って、喜ばれてきた。それは特殊な例ではないらしい。単純な「活字離れ」が起きているのではなく、若い世代にもきちんと「本」が根付いているのだということを知ったことだ。飯田一史氏の『「若者の読書離れ」というウソ』（平凡社新書、二〇二三）によれば、小中学生の読書量は二〇〇〇年代以降V字回復しているのだそうだ。高校生の読書量は一九六〇年代からほとんど変わっていないともいう。ネットやスマホの普及は読書量には、ほとんど影響していないのだ。同書が紹介する行動遺伝学者の安藤寿康氏の研究では、「読書好きはほとんど遺伝で決まっている」というエビデンスが多数あるという。つまりそれまで幾世代かけて形成されたことが、親や環境からの直接的な影響より大きいというのだ。私の孫も古本屋の祖父がいるから、その影響で本が好きになったということではなく、彼らの遺伝子にすでに組み込まれていたのであろう。

したり！　日本人の読書観は千三百年の歴史があるというのが私の主張だ。人々の遺伝子に揺るぎなく組み込まれていると思う。それが、現代の子どもたちにもしっかり受け継がれている可能性があるということではないか。まだまだ大丈夫だと安心している。

本書の初版が出版されるとき、タイトルに『日本人は本が好き――和本から見る書物の世界』はどうかと提案したが、残念ながら採用されなかった。『和本への招待』に落ち着いたが、サブタイトルの「日本人と書物の歴史」でなんとか希望が満たされた。たしかにあまり、センセーショナルな題では、刺激的すぎるそしりを受けかねないが、本書で私は、書物と向き合ってきた歴史の深みを伝えたかったのだ。

楽観視はできないが、これからも日本人は本が好きであり続けると思う。しかし、それは本にたずさわる人びと（著者、出版社、書店、図書館、教育者、そして古本屋も……）すべてが、自信を持ってその意識を持ち続ける必要がある。そうあってほしいのである。


文庫化にあたり、英国ケンブリッジ大学のラウラ・モレッティ教授の解説をいただいた。モレッティさんとは、私の最初の著書『和本入門』（平凡社、二〇〇五年）以来の「和本談義」仲間である。メンタルな側面から書物を眺めることを支持していただくなど、外国から見た新鮮な日本書物論に触発されることが多かった。

また、編集部の竹内祐子さんにひとかたならぬお世話になった。初版の刊行以来ずっと本書を高く評価して下さったのだ。記して謝意を表したい。

参考文献

第一章

橋本不美男『原典をめざして―古典文学のための書誌』一九七四、新装普及版二〇〇八、笠間書院
山本信吉『古典籍が語る―書物の文化史』二〇〇四、八木書店
櫛笥節男『宮内庁書陵部書庫渉獵―書写と装訂』二〇〇六、おうふう
田中敬『粘葉考―蝴蝶装と大和綴』一九三二、巌松堂書店古典部
遠藤諦之輔『古文書修補六十年―和装本の修補と造本』一九八七、汲古書院
銭存訓著・鄭如斯編・久米康生訳『中国の紙と印刷の文化史』二〇〇七、法政大学出版局
井上進『中国出版文化史―書物世界と知の風景』二〇〇二、名古屋大学出版会
久米康生『和紙文化誌』一九九〇、毎日コミュニケーションズ
中野幸一『源氏物語みちしるべ』一九九七、小学館
稲賀敬二『源氏物語の研究―物語流通機構論』一九九三、笠間書院
清水婦久子『源氏物語の真相』二〇一〇、角川選書
井上宗雄ほか編『日本古典籍書誌学辞典』一九九九、岩波書店
堀川貴司『書誌学入門―古典籍を見る・知る・読む』二〇一〇、勉誠出版
橋口侯之介『和本入門―千年生きる書物の世界』二〇〇五、平凡社

第二章
冷泉為人『冷泉家・蔵番ものがたり―「和歌の家」千年をひもとく』二〇〇九、NHKブックス
三谷邦明・小峯和明編『中世の知と学―〈注釈〉を読む』一九九七、森話社
小川剛生『中世の書物と学問』二〇〇九、山川出版社、日本史リブレット78
中根勝『日本印刷技術史』一九九九、八木書店
水原尭栄「高野板之研究」(『水原尭栄著作選集』第二巻)一九七八、同朋舎
川瀬一馬『日本書誌学之研究』一九七一複刻、講談社
川瀬一馬『五山版の研究』一九七〇、ABAJ(日本古書籍商協会)
木村茂光『中世社会の成り立ち』(「日本中世の歴史」一巻)、二〇〇九、吉川弘文館
網野善彦『日本の歴史をよみなおす』二〇〇五、ちくま学芸文庫
五味文彦『書物の中世史』二〇〇三、みすず書房

第三章
川瀬一馬『増補古活字版之研究』一九六七、ABAJ(日本古書籍商協会)
後藤憲二編『寛永版書目幷図版』二〇〇三、青裳堂書店
岡雅彦等編『江戸時代初期出版年表〔天正一九年～明暦四年〕』二〇一一、勉誠出版

長友千代治『江戸時代の書物と読書』二〇〇一、東京堂出版
長友千代治『江戸時代の図書流通』二〇〇二、佛教大学通信教育部
慶応義塾大学附属研究所斯道文庫編『江戸時代書林出版書籍目録集成第1』一九六二、井上書房
小林善八『日本出版文化史』一九七八（一九三八の複製）、青裳堂書店
柏崎順子編『増補　松会版書目』二〇〇九、青裳堂書店
蒔田稲城『京阪書籍商史』覆刻修正版、一九八二、臨川書店
塩村耕編『古版大阪案内記集成―影印篇、―翻刻・校異・解説・索引篇』一九九九、和泉書院
塩村耕『近世前期文学研究―伝記・書誌・出版』二〇〇四、若草書房
橋口侯之介『続和本入門―江戸の本屋と本づくり』二〇〇七、平凡社
橋口侯之介『江戸の古本屋―近世書肆のしごと』二〇一八、平凡社
諏訪春雄『出版事始　江戸の本』一九七八、毎日新聞社
冨士昭雄編『江戸文学と出版メディア―近世前期小説を中心に』二〇〇一、笠間書院
横田冬彦「『徒然草』は江戸文学か？―書物史における読者の立場」（『日本近世書物文化史の研究』第六章）二〇一八、岩波書店
中嶋隆・篠原進編『西鶴と浮世草子研究』第一号、二〇〇六、笠間書院
大阪府立中之島図書館編『大坂本屋仲間記録』全十八巻、一九七五〜一九九三、大阪府立

中之島図書館
多治比郁夫『京阪文藝史料』全五巻、二〇〇四〜二〇〇七、青裳堂書店
今田洋三『江戸の本屋さん—近世文化史の側面』一九七七初刊、二〇〇九、平凡社ライブラリー再刊
上里春生『江戸書籍商史』復刻版、一九六五、名著刊行会
弥吉光長『未刊史料による日本出版文化』全八巻、一九八八〜一九九三、ゆまに書房
弥吉光長『江戸時代の出版と人』（「弥吉光長著作集」第三巻）一九八〇、日外アソシエーツ
中村幸彦『中村幸彦著述集第五巻　近世小説様式史考』一九八二、中央公論社
中野三敏『書誌学談義　江戸の板本』一九九五、岩波書店
中野三敏監修『江戸の出版』二〇〇五、ぺりかん社
中野三敏『和本の海へ—豊饒の江戸文化』二〇〇九、角川選書
藤本幸夫編『書物・印刷・本屋—日中韓をめぐる本の文化史』二〇二一、勉誠社

第四章

朝倉治彦・大和博幸編『享保以後江戸出版書目』新訂版、一九九三、臨川書店
大阪図書出版業組合編『享保以後大阪出版書籍目録』復刻版、一九六四、清文堂出版
宗政五十緒・朝倉治彦編『京都書林仲間記録』全六巻、一九七七〜一九八〇、ゆまに書房

井上隆明『改訂増補近世書林板元総覧』一九九八、青裳堂書店
宗政五十緒『近世京都出版文化の研究』一九八二、同朋舎出版
浜田啓介『近世小説・営為と様式に関する私見』一九九三、京都大学学術出版会
永井一彰『藤井文政堂板木売買文書』二〇〇九、青裳堂書店
日本出版学会・出版教育研究所編「日本出版史料」一～十号、一九九五～二〇〇五、日本エディタースクール出版部
鹿島茂『神田神保町書肆街考—世界遺産的〝本の街〟の誕生から現在まで』二〇一七、筑摩書房
東京都古書籍商業協同組合『東京古書組合百年史』二〇一一

第五章

中村幸彦『中村幸彦著述集第五巻　近世小説様式史考』一九八二、中央公論社
奥平英雄『絵巻物再見』一九八七、角川書店
徳田和夫編『お伽草子百花繚乱』二〇〇八、笠間書院
徳田和夫編『お伽草子事典』二〇〇二、東京堂出版
小野忠重『本の美術史—奈良絵本から草双紙まで』一九七八、河出書房新社
大高洋司『京伝と馬琴—〈稗史もの〉読本様式の形成』二〇一〇、翰林書房
国文学研究資料館・八戸市立図書館編『読本事典—江戸の伝奇小説』二〇〇八、笠間書院

高木元『江戸読本の研究―十九世紀小説様式攷』一九九五、ぺりかん社
長友千代治『近世貸本屋の研究』一九八二、東京堂出版
長友千代治『近世の読書』一九八七、青裳堂書店
木村八重子『草双紙の世界―江戸の出版文化』二〇〇九、ぺりかん社
木村八重子『赤本黒本青本書誌　赤本以前之部』二〇〇九、青裳堂書店
鈴木俊幸『江戸の読書熱―自学する読者と書籍流通』二〇〇七、平凡社選書
鈴木俊幸『蔦屋重三郎』一九九八、若草書房
鈴木俊幸『絵草紙屋　江戸の浮世絵ショップ』二〇一〇、平凡社選書
鈴木俊幸『江戸の本づくし』二〇一一、平凡社新書
佐藤至子『江戸の絵入小説―合巻の世界』二〇〇一、ぺりかん社
前田愛『近代読者の成立』一九七三、有精堂選書

解説　形が生み出す意味

ラウラ・モレッティ

神保町の古書店街を最初に訪れたのは、学生時代であった。見慣れない装訂、色とりどりの表紙、和紙の特殊な手触り、ゆるやかな連綿体の文面に大きく感動したこと、今でも忘れられない。授業で活字で読んで習った日本文学の作品の多くは確かにそこにあった。しかし、それらの「形」が違っていた。神保町の古書店街は、間違いなく本好きな人の極楽である。古書店街の存在自体は、決して日本独特ではないが、神保町のような日本の古書店街には独自の特徴がある。それは、「和本」を大量に扱っていることである。

「和本」とは、橋口侯之介が丁寧に説明するように、「明治初期までに日本で刊行されたか、手書きされた書物全体」のことである。この和本は、橋口が言う「日本人の書物観」を反映しつつ、日本にとどまらず国境を超える魅力を持っている。二十一世紀の今では、和本の世界に惹(ひ)かれ、和本を蒐集(しゅうしゅう)する外国人も少なくない。和本をグローバルな視点から考える時代になったとも言えるのであろう。

神保町へ足を運ぶと、古本屋が果たしている役割に気づく。書物が「お預かりもの」であるという意識を基に書物を後世に託す大切な役割である。一九七四年より誠心堂書店の店主として務めてきた橋口は、古本屋のこの使命の重要性を誰よりも分かっているのであろう。そのため、『和本への招待』の中に描く日本人と書物の歴史の一つのモチーフとして、「本はお預かりもの」だという発想とその発想の表現の探求が挙げられる。古本屋が他に果たしている役割があると、二〇〇五年に初めて気づいた。橋口の『和本入門』(平凡社)を拝読したおかげである。

和本を扱う古本屋は、和本に対する知識を養う場でもある。長い時間、原本と向き合うことから生じる和本の知識は実に奥が深い。そう実感した私が、突然誠心堂書店に押し駆けた。「橋口先生に和本のことを教えていただきたい」と言い出した変な外国人に、橋口もさぞ驚いたのであろう。結果、その時以来、和本の世界に導いてくださった。

『和本への招待』は、明治初期までの和本の歴史を念入りに語っている。膨大な先行研究を土台にしつつ、複数の史料を有効に生かすことによって、豊富な情報を分かりやすく提供している書物史である。本書は、書誌学の観点と社会学の観点で執筆されている。つまり、橋口が書物の形に着目しながら、本づくりの社会構造と経済構造も分析する。歴史書誌学の旗手として名高いD・F・マッケンジー(*Bibliography and the Sociology of Texts*, ケンブリッジ大学出版、一九八四年）に近いスタンスだと思われる。

本書では、「モノ」としての書物は大きなモチーフとなっている。書物の中身（書かれている内容）はその書物の一つの側面に過ぎず、書物の「形」は「強いメッセージ性を伴っている」と、橋口が読者に訴えている。D・F・マッケンジーが言う「（書物の）形が（書物の）意味（内容）を生み出す」（forms effect meanings）に近いし、メディア理論者として高名なマーシャル・マクルーハンが述べる「メディアはメッセージである」（『メディア論』栗原裕・河本仲聖訳、みすず書房、一九八七年）に通用する考え方でもある。『和本への招待』の第一章では、世界文学の「古典」に位置付けられている『源氏物語』のことを、手に取る「モノ」として考察する。平安時代から江戸時代まで作り続けられた原本を紹介しながら、本の大きさ、綴じ方、表紙、紙質、文字の書き方などを鑑賞する方法とその意義を教えてくれる。活字だけで『源氏物語』を読むと、本づくりに伴う「美的な感覚」を喪失してしまう結末になることを論ずる章である。活字版と原本とのギャップがいかに大きいかと示した上で、原本と向き合うことに招待してくれる。

和本の書物観には、「書物を育てる」という意識が強いと橋口は述べる。第二章では、中世に焦点を移し、日本の文献学の起点とも言える所を探っている。まず、公家であった藤原定家の業績を紹介する。定家のような学者は、「原本に複数の写しを照合しながら文字の写し誤りや異同を修正していく作業」(校合・校訂)を磨きながら、「原本に近い」善本を残そうとしたと分かる。次に、書写と校訂の仕事に加えて、注釈までつけた学侶の貢献を取り上げる。「注釈をつけるというのは、新たな著作を「つくる」のと同じくらいの作業である」と橋口が解説する。このプロセスから生まれるのは「古典」そのものだという重要な指摘もある。

古典化をさらに考える橋口は、「古典は数百年の時間をかけて伝えられた。それは(中略)幾人もの人の手で写し続けられてきたからである。しかも、ただ内容を書き写すだけでなく、その〈雅〉な姿もいっしょに残した」と述べている。「書物を育てる」概念は、「形」の重要性と「お預かりもの」としての書物の性格とが見事に結びつけられている。

第三章では、「書物を育てる」もう一つの側面を説く。それは、江戸時代に出来た商業出版による貢献である。近世の板元(出版社)は、書物の伝統の重みを背負いながら、より広い読者を獲得し、利益を上げることを常に目指していた。そのため、書物の内容をより分かりやすく、より面白くするのが肝要であった。形も、印刷のテクノロジーによってどんどん変わっていったのである。近世初期に一時的に流行った活字印刷技術と長く愛でられてきた整版の役割は評価されている。

第三章と第四章では、商業出版における本づくりの社会構造と経済構造も追求する。

まず、当時の本屋は「板元」の仕事と共に、本屋と古本屋の仕事までこなしていたことを明確にする。近世における古本屋の歴史をより深く理解したい方は、橋口の『江戸の古本屋』（平凡社、二〇一八年）と併せて読んでいただきたい。続いて、橋口の『続和本入門』（平凡社、二〇〇七年）に基づいて、近世における新刊書の出版（「開板」）の諸問題を取り上げ、「本屋仲間」「板株」「板賃」「相合板」などの専門的な知識を分かりやすく叙述していく。

本書には、もう一つの大事な指摘がある。平安時代から存在し続けた、「本」と「草」の概念である。「〈本〉という語は本物、大本（おおもと）という意味である。樹木の根、つまり根本である。だから「物之本」とは本格的な書物という意味があった。一方の草紙、つまり〈草〉は格下の存在、根無し草のことである。プロに対するアマチュア、玄人と素人ほどの違いがあった」との説明は実に明瞭である。「本」が「伝統の様式をきっちり守ろうとする」のに対して、「草」は「それにとらわれずに次々と新機軸を打ち出した」とも述べる。

第五章では、近世の「草紙」の様々な種類が紹介されている。なお、「本」と「草」の概念は、読書史とメディア史の研究者として知られるロジェ・シャルチエが言う「書物の秩序」（『書物の秩序』長谷川輝夫訳、筑摩書房、一九九六年）に近いものであろう。この秩序の美点は、時期によって変わることである。「本」と「草」も同じであった。

橋口が述べるように、「長い歴史を見てくると（中略）身分の違いが確かにあったが、それは固定的なものでなく、つねに変動しているものだった」。「草」として生まれたテクストは、「本」になる可能性だってある。『源氏物語』はその一例である。平安時代に「草」として生まれたにもかかわらず、中世以降は「本」の性格を持つ古典に変貌した。

『和本への招待』は、和本の世界と初めて出会う読者のための入門書でありつつ、和本の研究動向の火付け役を果たしている研究書でもある。気軽に触れる文庫本としての復刊は慶賀に堪えない。本が好きなら、必ず本書を読んでいただきたい。読んでから、ぜひ神保町の古書店街を訪れてみてほしい。そこに並んでいる和本は、新しい光で輝いてくるのであろう。そこで、和本のことを今までとは違う目で鑑賞できることに気づくのであろう。本書が蒔いた種が花開いている証（あかし）である。

（英国、ケンブリッジ大学教授）

本書は、二〇一一年六月に刊行された
角川選書を文庫化したものです。

和本への招待
日本人と書物の歴史

橋口侯之介

令和5年 12月25日　初版発行

発行者●山下直久

発行●株式会社KADOKAWA
〒102-8177　東京都千代田区富士見2-13-3
電話　0570-002-301（ナビダイヤル）

角川文庫 23977

印刷所●株式会社暁印刷
製本所●本間製本株式会社

表紙画●和田三造

ISBN 978-4-04-400797-3　C0195

◇◇◇

角川文庫発刊に際して

角　川　源　義

第二次世界大戦の敗北は、軍事力の敗北であった以上に、私たちの若い文化力の敗退であった。私たちの文化が戦争に対して如何に無力であり、単なるあだ花に過ぎなかったかを、私たちは身を以て体験し痛感した。西洋近代文化の摂取にとって、明治以後八十年の歳月は決して短かすぎたとは言えない。にもかかわらず、近代文化の伝統を確立し、自由な批判と柔軟な良識に富む文化層として自らを形成することに私たちは失敗して来た。そしてこれは、各層への文化の普及滲透を任務とする出版人の責任でもあった。

一九四五年以来、私たちは再び振出しに戻り、第一歩から踏み出すことを余儀なくされた。これは大きな不幸ではあるが、反面、これまでの混沌・未熟・歪曲の中にあった我が国の文化に秩序と確たる基礎を齎らすためには絶好の機会でもある。角川書店は、このような祖国の文化的危機にあたり、微力をも顧みず再建の礎石たるべき抱負と決意とをもって出発したが、ここに創立以来の念願を果すべく角川文庫を発刊する。これまで刊行されたあらゆる全集叢書文庫類の長所と短所とを検討し、古今東西の不朽の典籍を、良心的編集のもとに、廉価に、そして書架にふさわしい美本として、多くのひとびとに提供しようとする。しかし私たちは徒らに百科全書的な知識のジレッタントを作ることを目的とせず、あくまで祖国の文化に秩序と再建への道を示し、この文庫を角川書店の栄ある事業として、今後永久に継続発展せしめ、学芸と教養との殿堂として大成せんことを期したい。多くの読書子の愛情ある忠言と支持とによって、この希望と抱負とを完遂せしめられんことを願う。

一九四九年五月三日